expo 3

Clive Bell **Gill Ramage**

Vert

Heinemann is an imprint of Pearson Education Limited, a company incorporated in England and wales, having its registered office at Edinburgh Gate, Harlow, Essex, CM20 2JE. Registered company number: 872828

Heinemann is a registered trademark of Pearson Education Limited

First published 2005

10
10 9

British Library Cataloguing in Publication Data is available from the British Library on request.

ISBN: 978 0 435385 34 7

Copyright notice

Produced by Ken Vail Graphic Design, Cambridge

Original illustrations © Harcourt Education Limited, 2005

Illustrated by Beehive Illustration (Theresa Tibbetts) Graham-Cameron Illustration (David Benham, Felicity House) Bill Ledger, New Division (Monica Laita, Sean Sims) and by Young Digital Poland (Robert Jaszczurowski)

Printed and bound in China(EPC / 09)

Cover photo: Image State

Acknowledgements

The authors and publishers would like to thank Pete Milwright, Dominic Woodman, Alex Bartley, Pat and David East, Liz Ashurt, Geraldine Black, Sylvie Fauvel, Anne French, Michel and Marine Groulard, the pupils from the Lycée français Charles de Gaulle, London, the actors of the Ateliers de Formation Théâtrale led by Nathalie Barrabé, Rouen, recorded at Studio Accès Digital, Rouen, by François Casays, Catriona Watson-Brown, Jill Leatherbarrow and Viviane Klein for their help in the making of this course.

Songs: "Les résolutions du Nouvel An" p. 39, by Gill Ramage, "Il ne faut pas faire ceci" p. 56, by Clive Bell, music composed and arranged by John Connor, recorded at Abstract Studio, London.

Text materials were provided by **CILT 2003** p. 31, **Comité régional du tourisme de Normandie** p. 84, **Editions Nathan, Collection Mégascope 2000** p.104–105, **Editions Nathan, Collection Mégascope 2000 « Dans les coulisses du cinéma »** p.20, **HESA Student Record 2002/03** p.31, **Hôtel d'Angleterre, Le Havre** p.90, **Normandie Challenge, Lac de Pont l'Evèque** p.84, **Olivier Roques-Rogery/Bon Voyage** p.93, **W9 productions** p.19 (*Les colocataires*).

Photographs were provided by © **Alamy** p.36, 97, **Allstar Picture Library** p.47, **BBC** p.6 (*Weakest Link*, *EastEnders*, *Merseybeat*, *Fame Academy*), **Comité régional du tourisme de Normandie** p.78, 84, 89, **CILT 2003** p.31, **Corbis** p.78, 90, 123, **Digital Vision** p.48, **Pat East** p.32, **Empics** p.92, **Getty Images** p.9, 33, 51, 81, 87, 93, 121, **Pearson Education Ltd/Garth Boden** p.11, 12, 14, 28, 30, 50, 80, 97, 99, 103, 104, 105, 108, 117, **Médecins sans Frontières** p.101, **Normandie Challenge, Lac de Pont l'Evèque** p.84, **Ronald Grant Archive** p.8, **Ronald Grant Archive/New Line Cinema/Warner Bros Entertainment** p.8 (*Austin Powers*), **Rex Features** p.6 (*Two Pints of Lager and a Packet of Crisps*, football, sci-fi, *I'm a Celebrity*) p.21, 31, 36, 60, 72, 104, **The Art Archive** p.123, **John Walmsley** p. 96, **W9 productions** p.19–20 (*Les colocataires*).

Every effort has been made to contact copyright holders of material reproduced in this book. Any omissions will be rectified in subsequent printings if notice is given to the publishers.

Tel: 01865 888058   www.heinemann.co.uk

Table des matières

Module 5   On y va!

Module 6   Les droits des jeunes

Ça t'intéresse?

1 À la télé ce soir
Talking about what you watch on TV
Using present tense verbs

écouter 1 C'est quelle sorte d'émission? Écoute et choisis la bonne image. (1–8)
Which type of programme is it? Listen and choose the right picture.

Exemple: 1 b

a

une comédie

b

un jeu télévisé

c

une série

d

une série policière

e

une émission musicale

f

une émission de sport

g

une émission de science-fiction

h

une émission de télé-réalité

---

parler 2 À deux. Qu'est-ce que tu regardes à la télé?
In pairs. What do you watch on TV?

Exemple:

■ Qu'est-ce que tu regardes à la télé?
● Je regarde les émissions de télé-réalité.
  Et toi?
■ Je préfère les séries policières.

Je regarde …	*I watch …*
J'adore …	*I love …*
J'aime (beaucoup) …	*I (really) like …*
Je préfère …	*I prefer …*
Je n'aime pas …	*I don't like …*
Je déteste …	*I hate …*

---

lire 3 Lis le texte. Vrai (✔) ou faux (✗)?
Read the text. True or false?

1 Pascal aime les émissions de sport.
2 Pascal regarde les comédies.
3 Il n'aime pas *Friends*.
4 Il adore les jeux télévisés.

> Salut! Je regarde les émissions de sport et les comédies, comme *Friends*.
>
> Mais je n'aime pas les jeux télévisés. Et toi?
>
> Pascal

écrire 4 Adapte le texte de l'exercice 3 pour toi. Écris deux ou trois phrases.
Adapt the text from Exercise 3 for you. Write two or three sentences.

5 **C'est quelle activité? Écoute et relie.**
Which activity is it? Listen and match.

2 Julie   **4** Chloé

Exemple: 1 Thomas: a + f   **1** Thomas   **3** Adrien

a

b

c

d

e

f

g

h

6 **À deux. Interviewe Thomas, Julie, Adrien ou Chloé.**
In pairs. Interview Thomas, Julie, Adrien or Chloé.

Exemple:

■ **Chloé**, qu'est-ce que tu fais, le soir?
● Je **joue à l'ordinateur** ou je **regarde un DVD**.

Expo-langue ▶ Grammaire 3.3

-er verbs like **jouer** (*to play*) change their ending like this in the present tense:

je jou**e**	I play
tu jou**es**	you play
il/elle jou**e**	he/she plays
on jou**e**	we play

The **-e** and **-es** endings are silent.

7 **Lis l'e-mail et réponds aux questions.**
Read the e-mail and answer the questions.

Boîte de réception | Messages envoyés | Brouillons

Le soir, je mange avec ma famille, puis on regarde la télé. J'adore les émissions de télé-réalité, comme *Les colocataires*. J'aime aussi la musique. J'achète beaucoup de CD et j'écoute de la musique dans ma chambre. Le mercredi, je joue au foot avec mes copains, ou on regarde un DVD. Et toi? Tu joues aussi au foot?
Youssef

1 What does Youssef do in the evenings before he watches TV?

2 What sort of a programme is *Les colocataires*?

3 What does Youssef buy a lot of?

4 Where does he listen to music?

5 What does he do on a Wednesday?

6 What else do he and his friends do?

8 **Et toi? Qu'est-ce que tu fais, le soir? Écris un paragraphe.**
What about you? What do you do in the evenings? Write a paragraph.

Exemple: Le soir, je …

1 C'est quel genre de film? Écoute et note la bonne lettre. (1–8)

Which type of film is it? Listen and write down the correct letter.

Exemple: **1** c

un film de science-fiction

un film d'horreur

un film policier

une comédie

un dessin animé

une histoire d'amour

un film d'action

un film d'arts martiaux

2 À deux. Jeu de mémoire. Une personne ferme le livre.

In pairs. Memory game. One person closes the book.

- ■ **c**, c'est quel genre de film?
- ● C'est un film policier. **d**, c'est quel genre de film?
- ■ C'est une comédie. **g**, ...

3 Écoute et lis le dialogue.

Listen to and read the dialogue.

- ■ Tu veux aller au cinéma ce soir?
- ● Qu'est-ce qu'on passe?
- ■ Il y a ***Treize à la douzaine***. C'est **une comédie**.
- ● Oh non! Je n'aime pas les **comédies**!
- ■ D'accord. Il y a aussi ***Jeepers Creepers***. C'est **un film d'horreur**.
- ● Ah oui! Je veux bien. J'adore les **films d'horreur**!

4 Adapte le dialogue. Change les détails en gras.

Adapt the dialogue. Change the details in bold.

5 **Tu vas souvent au cinéma? Écoute et lis. Qui parle?(1–5)**
Do you go to the cinema often? Listen and read. Who is speaking?

Exemple: 1 Farida

Je vais souvent au cinéma.

Sophie

Je vais rarement au cinéma.

Édouard

Je vais au cinéma tous les week-ends.

Farida

Je vais de temps en temps au cinéma.

Vincent

Je vais au cinéma deux fois par semaine.

Léa

une/deux fois par semaine	once/twice a week
souvent	often
rarement	rarely
de temps en temps	from time to time
tous les week-ends	every weekend

Expo-langue ▶ Grammaire 3.5

The verb **aller** (*to go*) is irregular in the present tense.

je vais	I go
tu vas	you go
il/elle va	he/she goes
on va	we go

6 **Qui va au cinéma le plus et le moins souvent?**
Écris les prénoms. Commence par le plus souvent.
Who goes to the cinema most and least often?
Write the names. Start with the most often.

Exemple: Léa, …

7 **Copie et complète le texte.**
Copy and complete the text.

Je vais au cinéma (**1**) —————. J'adore les (**2**) ————— .
Je (**3**) ————— les histoires d'amour. Mon film préféré, c'est (**4**) ————— .
C'est (**5**) ————— .

n'aime pas

une fois par semaine

un film de science-fiction

X-Men

films d'action

Le 21 juin, c'est la Fête de la musique en France et on joue au concert!

1 **Écoute et regarde l'image. Qui est-ce? (1–8)**
Listen and look at the picture. Who is it?

Exemple: **1** Lucas

les cheveux longs et noirs

les yeux marron

Justine

les cheveux roux et frisés

les yeux bleus

Aïsha

les cheveux courts et blonds

les yeux verts

Nathan

les cheveux bruns et mi-longs

les yeux gris

Lucas

2 **À deux. Jeu de mémoire. Une personne ferme le livre.**
In pairs. Memory game. One person closes the book.

Exemple:

- ■ J'ai les yeux bleus.
- ● Justine.
- ■ Oui. J'ai les cheveux bruns.
- ● Lucas.
- ■ Non, Nathan.

Expo-langue ▶ Grammaire 3.5

The verb **avoir** (*to have*) is irregular.

j'ai	I have
tu as	you have
il/elle a	he/she has
on a	we have

3 **Copie et complète.**
Copy and complete.

Je m'appelle Aïsha et j'ai les (**1**) ▬▬▬▬ assez longs et noirs. J'ai les yeux (**2**) ▬▬▬▬ . Mon copain s'appelle Lucas. Il a les (**3**) ▬▬▬▬ verts et les cheveux assez courts. D'habitude, il a les cheveux noirs, mais en ce moment, il a les (**4**) ▬▬▬▬ ! Ma copine Justine a les cheveux roux et (**5**) ▬▬▬▬ , avec (**6**) ▬▬▬▬ yeux (**7**) ▬▬▬▬ . Et mon copain (**8**) ▬▬▬▬ a les yeux gris. Il a les cheveux (**9**) ▬▬▬▬ et bruns.

4 **Complète la grille avec les nationalités qui manquent.**
Complete the grid with the missing nationalities.

Exemple: **1** française

masculin	féminin	
anglais	anglaise	*English*
français	**1**	*French*
écossais	**2**	*Scottish*
3	irlandaise	*Irish*
gallois	galloise	*Welsh*
québécois	**4**	*from Quebec*
tunisien	tunisienne	*Tunisian*
algérien	**5**	*Algerian*

5 **Écoute. C'est masculin (M) ou féminin (F)? (1–10)**
Listen. Is it masculine or feminine?

Exemple: **1** M

6 **Choisis la forme correcte de l'adjectif et copie les phrases.**
Choose the correct form of the adjective and copy the sentences.

1

Je suis
français / française.

2

Je suis
gallois / galloise.

3

Tu es
tunisien / tunisienne?

4

Tu es
québécois / québécoise?

 7 **Adapte le texte. Change le mots en gras. Utilise les mots dans la case.**
Adapt the text. Change the words in bold. Use the words in the box.

> Mon copain **Thomas** est **québécois**. Il a les cheveux **courts** et **bruns** et les yeux **bleus**. Ma copine **Marie** est **française**. Elle a les cheveux **longs** et **blonds** et les yeux **verts**.

Mohammed	Claire
Algerian	Scottish
curly, black hair	short, red hair
brown eyes	grey eyes

Expo-langue ▶ Grammaire 3.5

Like **avoir**, the verb **être** (*to be*) is irregular.

je suis = I am	il/elle est = he/she is
tu es = you are	on est = we are

Mini-test

I can ...
- ■ talk about what I watch on TV
- ■ say what I do in the evenings
- ■ talk about what type of films I prefer
- ■ invite someone to the cinema
- ■ say how often I go to the cinema
- ■ describe someone's hair and eyes
- ■ talk about people's nationality

écouter 1 **Écoute. Qui aime lire quoi?**
Listen. Who likes reading what?

Exemple: Thierry: 4 + ?

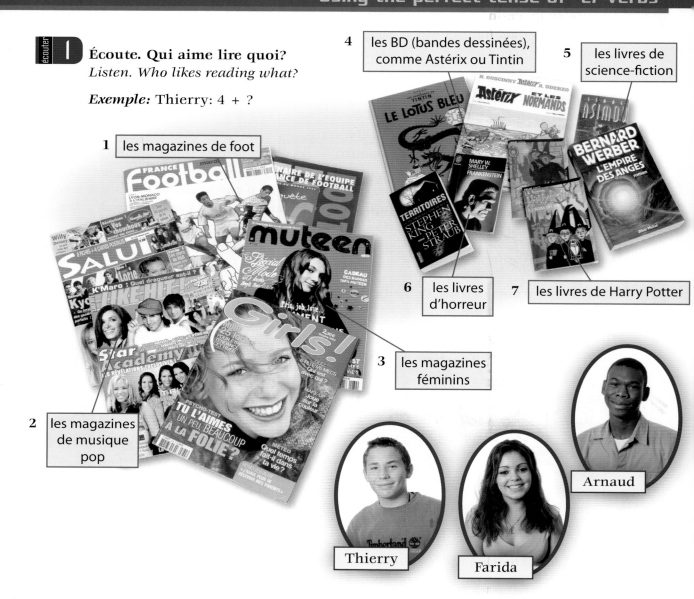

1 les magazines de foot

2 les magazines de musique pop

3 les magazines féminins

4 les BD (bandes dessinées), comme Astérix ou Tintin

5 les livres de science-fiction

6 les livres d'horreur

7 les livres de Harry Potter

Thierry

Farida

Arnaud

parler 2 **À deux. Complète et lis à haute voix le dialogue entre Ryan et Élisa.**
In pairs. Complete and read aloud the dialogue between Ryan and Élisa.

Ryan Qu'est-ce que tu aimes lire?
Élisa J'aime lire les (**2**)━━━━ et les (**6**)━━━━.
    Mon auteur préféré, c'est Stephen King. Et toi?
Ryan J'adore les BD, comme (**4**)━━━━ et les (**7**)━━━━.
    Mon auteur préféré, c'est J.K. Rowling.

écouter 3 **Écoute et répète.**
Listen and repeat.

De temps en temps, j'aime lire Tintin.

To make the nasal sounds **ain/in** and **en/an**, try saying the English words *an* and *on* without letting your tongue touch the roof of your mouth!

4   Écoute et lis l'e-mail. Trouve les six bonnes images.
Listen to and read the text. Find the six correct pictures.

Exemple: 7, …

Boîte de réception   Messages envoyés   Brouillons

Le week-end dernier, j'ai retrouvé mes copains en ville. J'ai acheté un magazine de jeux d'ordinateur et un livre de science-fiction. Après, j'ai mangé chez Pizzaland avec mes copains. Le soir, j'ai joué à des jeux de console avec mon frère et j'ai écouté de la musique dans ma chambre. Puis j'ai regardé une série à la télé.
Samuel

5   Relis l'e-mail et complète les phrases de Samuel.
Reread the e-mail and complete Samuel's sentences.

Exemple: **1** J'ai acheté un livre de science-fiction.

1   J'ai _____ un livre de science-fiction.
2   J'ai _____ avec mes copains.
3   _____ joué à des jeux de console.
4   _____ retrouvé mes copains en ville.
5   _____ _____ de la musique dans ma chambre.

6   Relie et copie les phrases.
Match and copy the sentences.

1   J'ai mangé …
2   J'ai joué …
3   J'ai retrouvé …
4   J'ai écouté …
5   J'ai acheté …

a   … au volley avec mes copines.
b   … des baskets au magasin de sport.
c   … la radio dans ma chambre.
d   … un paquet de chips et une pomme.
e   … mon frère au centre commercial.

Expo-langue ▶ Grammaire 3.12

You use the perfect tense (**passé composé**) to talk about things that you and other people did.

- use part of the verb **avoir** (**j'ai** / **tu as** / **il/elle/on a**)
- change the ending on the **-er** verb to **é** (**jouer → joué**)
- put the two together (**j'ai joué** – I played)

Exemples:
J'ai joué au tennis. = I played tennis.
On a acheté des magazines.
= We bought some magazines.

1 Écoute et lis les textes.
Listen and read the texts.

Samedi dernier, j'ai retrouvé mes copains en ville. On a fait les magasins et j'ai acheté *Scream* en DVD, parce que j'adore les films d'horreur. L'après-midi, on a joué au foot dans le parc. Le soir, j'ai mangé avec ma famille et ensuite on a regardé *La ferme célébrités* à la télé – c'est une émission de télé-réalité et c'est très marrant. Dimanche, j'ai fait mes devoirs et j'ai lu des BD dans ma chambre.

Romain

Samedi matin, j'ai fait de la natation à la piscine et après, j'ai retrouvé mes copines au Macdonald. On a mangé des hamburgers-frites et on a bu du coca. Le soir, j'ai vu un film au cinéma avec ma sœur. On a vu *Les visiteurs* – c'est une comédie et c'est chouette. Dimanche après-midi, j'ai écouté des CD et j'ai joué à l'ordinateur.

Océane

2 Regarde les images. Qui a fait quoi? Romain ou Océane?
Look at the pictures. Who did what? Romain or Océane?

Exemple: **1** Romain

1
2
3

4
5
6

7
8
9

Expo-langue ▶ Grammaire 3.12

Some verbs are irregular in the perfect tense.

boire (to drink)   j'ai bu (I drank)
faire (to do)   j'ai fait (I did)
lire (to read)   j'ai lu (I read)
voir (to see)   j'ai vu (I saw)

Exemples:
On a bu du café. = We drank coffee.
J'ai fait mes devoirs. = I did my homework.

parler 3

À deux. Tu dis le numéro d'une des images de l'exercice 2.
Ton/Ta partenaire dit une phrase.
In pairs. You say the number of one of the pictures. Your partner says a sentence.

Exemple:

■ Numéro 3.
● J'ai écouté des CD. Numéro 8.
■ On a bu du coca.

écrire 4

Copie et complète les phrases. Exagère et utilise ton imagination!
Copy and complete the sentences. Exaggerate and use your imagination!

Exemple: **1** J'ai acheté un château.

1 J'ai acheté ...   3 J'ai fait ...   5 On a bu ...
2 J'ai retrouvé ...   4 On a mangé ...   6 On a vu ...

écrire 5

Imagine que tu es une star très riche. Prépare une présentation
sur le week-end dernier.
*Imagine that you are a very rich celebrity. Prepare a presentation
about last weekend.*

Exemple:

Je m'appelle David Beckham. Samedi dernier, j'ai nagé dans ma
piscine. Ensuite, j'ai retrouvé mes copains et on a joué au foot sur la
plage en Espagne. L'après-midi, j'ai acheté une Ferrari et puis ...
Le soir, j'ai mangé avec ...
On a bu du champagne et après ...

samedi dernier	*last Saturday*
samedi matin	*on Saturday morning*
dimanche après-midi	*on Sunday afternoon*
dimanche soir	*on Sunday evening*
le soir	*in the evening*
ensuite	*next*
puis	*then*
après	*afterwards*

- Keep it simple – use the verbs you know.
- Try to stick to vocabulary you know, too. But if you need to look up any new nouns (e.g. *speed boat, Armani suit*), make sure you get the right word. Check by looking it up again at the French–English end of the dictionary. Make sure you know what gender it is (**un** or **une**).
- Use time expressions to structure your presentation and make it more interesting:

lire 6

Vérifie et corrige ta présentation.
Check and correct your presentation.

Check:
● spelling   ● accents   ● gender (masculine or feminine)

Exemple:
Samedi ~~derneir~~ **dernier**, j'ai ~~achète~~ **acheté** ~~un~~ **une** moto Harley Davidson.

parler 7

Répète, puis fais ta présentation.
Rehearse, then do your presentation.

Module 1 *Bilan*

Unité 1

I can

- talk about what I watch on TV

  Qu'est-ce que tu regardes à la télé?
  Je regarde les émissions de télé-réalité.

- say what I do in the evenings

  Le soir, je mange avec ma famille et ensuite, j'écoute des CD dans ma chambre.

- G use the present tense of *-er* verbs

  Je joue à l'ordinateur ou je regarde un DVD.

Unité 2

I can

- talk about what type of films I prefer

  Je n'aime pas les comédies.
  Je préfère les films d'arts martiaux.

- invite someone to the cinema

  Tu veux aller au cinéma ce soir?
  Qu'est-ce qu'on passe?

- say how often I go to the cinema
- G use the present tense of the verb *aller*

  Je vais au cinéma tous les week-ends.
  Tu vas souvent au cinéma?

Unité 3

I can

- describe someone's hair and eyes

  Elle a les yeux bleus et les cheveux bruns et mi-longs.

- talk about people's nationality
- G use the present tense of *avoir* and *être*

  Il est écossais, mais elle est galloise.
  J'ai les cheveux courts.
  Je suis anglais.

Unité 4

I can

- talk about what I like reading

  J'aime lire les magazines de foot et les livres d'horreur.

- G use the perfect tense of *-er* verbs

  J'ai retrouvé mes copains en ville, puis j'ai acheté un jeu d'ordinateur.

- pronounce the nasal sounds *ain/in* and *en/an*

  De temps en temps, j'aime lire Tintin.

Unité 5

I can

- describe what I did last weekend

  Le week-end dernier, j'ai vu un film de science-fiction. Dimanche après-midi, j'ai fait mes devoirs.

- G use the perfect tense of irregular verbs

  On a bu du coca.
  Tu as lu Le Hobbit?

écouter **1**

Écoute, copie et complète la grille.
Listen, copy and complete the grid.

1 Marie					
2 Thomas					
3 Claire					
4 Nathan					
5 Julie					

parler **2**

Réponds aux questions.
Answer the questions.

1 Qu'est-ce que tu regardes à la télé?
2 Tu vas souvent au cinéma?
3 Qu'est-ce que tu aimes lire?

lire **3**

Lis l'e-mail. Réponds aux questions en anglais.
Read the e-mail. Answer the questions in English.

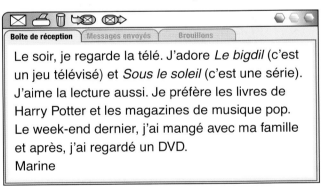

Boîte de réception | Messages envoyés | Brouillons

Le soir, je regarde la télé. J'adore *Le bigdil* (c'est un jeu télévisé) et *Sous le soleil* (c'est une série). J'aime la lecture aussi. Je préfère les livres de Harry Potter et les magazines de musique pop. Le week-end dernier, j'ai mangé avec ma famille et après, j'ai regardé un DVD.
Marine

1 What sort of programme is *Sous le soleil*?
2 What is the French name of the game show Marine likes?
3 Name two things she likes reading.
4 Last weekend, who did she eat with?
5 What did she do afterwards?

écrire **4**

Écris une description d'une star.
Write a description of a celebrity.

Exemple: Thierry Henry est français.
Il a les cheveux noirs et courts.
Il a les yeux marron.

On regarde la télé?

 1 C'est quelle sorte d'émission? Écoute et relie.
What kind of programme is it? Listen and match.

Exemple: *Nouvelle star* – une émission musicale

Nouvelle star *Sous le soleil* *La ferme célébrités* *Le château de ma mère*	un jeu télévisé un film une série un documentaire une émission musicale une émission de télé-réalité

 2 À deux. Fais un dialogue sur les émissions de l'exercice 1.
In pairs. Make up a dialogue about the programmes in Exercise 1.

Exemple:
■ Qu'est-ce qu'on regarde à la télé ce soir?
● Il y a *Sous le soleil*. J'adore les séries.
■ Oh non! Je déteste les séries. Je préfère les émissions musicales.
Je veux regarder *Nouvelle star*.

 3 Lis le texte et écris un résumé en anglais sur *Les colocataires*.
Read the text and write a summary in English of what Les colocataires *is about.*

Exemple: *Les colocataires* is a reality TV show in which seven girls and …

Les colocataires, qu'est-ce que c'est?
C'est une émission de télé-réalité sur M6. Il y a sept filles et sept garçons dans deux maisons, séparés par une palissade, mais ils se retrouvent à certaines heures de la journée. Les téléspectateurs doivent éliminer les participants.

une palissade = a fence
se retrouver = to meet, get together
la journée = the day
les téléspectateurs = the viewers

4 **Lis le texte. Qui est-ce?**
Read the text. Who is it?

1 Elle a vingt-cinq ans.
2 Il est étudiant.
3 Il a travaillé comme disc-jockey.
4 Elle a fait ses études à New York.

5 Il pratique les arts martiaux.
6 Il voudrait travailler comme pilote.
7 Elle vient de Toulouse.
8 Elle travaille dans une galerie.

Les colocataires: tout sur les participants

Vanessa
- Âge: 21 ans
- Origine: Monaco
- Profession: galeriste
- Signe particulier: née aux États-Unis (double nationalité), a suivi des études d'art à New York

Jessyca
- Âge: 25 ans
- Origine: Toulouse
- Profession: animatrice de radio
- Signe particulier: a grandi à Saint-Tropez

Gia
- Âge: 19 ans
- Origine: sino-vietnamienne, vit dans les Hauts-de-Seine
- Profession: étudiant
- Signe particulier: pratique le jiu-jitsu

Badice
- Âge: 23 ans
- Origine: Lyon
- Profession: mannequin mais essaie de devenir pilote de ligne
- Signe particulier: disc-jockey et moniteur de jet-ski

5 **Copie et complète les informations sur Sébastien et Élodie.**
Copy and complete the information about Sébastien and Élodie.

Sébastien
- Âge: 23 ans
- Origine: Hérault
- Profession: manager de restaurant
- Signe particulier: champion de France de rugby à sept ans

Élodie
- Âge: 24 ans
- Origine: a grandi à Marseille et vit à Neuilly
- Profession: travaille dans l'industrie du luxe
- Signe particulier: a passé deux ans en Allemagne

Sébastien a vingt-trois ▦▦▦ et il vient de l'Hérault. Il travaille dans un
▦▦▦. À sept ans, il a joué au ▦▦▦ pour la France.
Élodie a ▦▦▦ ans. Elle vient de ▦▦▦, mais elle habite à Neuilly.
Elle a habité deux ans en ▦▦▦.

J'adore le cinéma!

 1 **Lis le texte. Relie les titres des films en français et en anglais.**
Read the text. Match up the film titles in French and English.

LES RECORDS DES FILMS

Les films les plus chers
Dans le monde
Titanic
États-Unis, 1997
Réalisateur: James Cameron
229 millions d'euros

En France
Le cinquième élément
France, 1997
Réalisateur: Luc Besson
68,7 millions d'euros

La recette la plus élevée
Titanic
États-Unis, 1997
Réalisateur: James Cameron
840 millions d'euros

La recette la plus élevée en un jour
Le monde perdu, Jurassic Park 2
États-Unis, 1997
Réalisateur: Steven Spielberg
20,2 millions d'euros

L'enfant le mieux payé
Macauley Culkin dans *Maman, j'ai encore raté l'avion*
États-Unis, 1992
Réalisateur: Chris Colombus
Salaire: 4,6 millions d'euros

Le dessin animé qui a le plus rapporté
Le roi lion
États-Unis, 1994
Réalisateur: Studio Disney
702 millions d'euros

Le dessin animé le plus cher
La belle et la bête
États-Unis, 1992
Réalisateur: Studio Disney
32 millions d'euros

> les États-Unis = the USA
> la recette = receipts/earnings
> élevé = high
> rater l'avion = to miss the plane

Exemple: 1 e

1	*Le roi lion*	**a**	*Beauty and the Beast*
2	*Le cinquième élément*	**b**	*Home Alone 2*
3	*La belle et la bête*	**c**	*The Lost World*
4	*Le monde perdu*	**d**	*The Fifth Element*
5	*Maman, j'ai encore raté l'avion*	**e**	*The Lion King*

2 **Réponds aux questions en anglais.**
Answer the questions in English.

1 Who is the best-paid child actor and how much did he earn?
2 *Titanic* is the film which made the most money overall, but which film made the most money in one day?
3 Which is the most expensive French film ever made?
4 Which is the most expensive cartoon ever made?
5 Which cartoon has made the most money?

3 Écoute et note les mots qui manquent.

Listen and write down the missing words.

Exemple: **1** France

★ Deux stars du cinéma français ★

Jean Reno est acteur. Il vient du Maroc, mais il habite en (**1**) ▬▬▬. Il a joué un (**2**) ▬▬▬ rôle dans le film *Subway* en 1985 et ensuite de plus grands rôles dans *Le Grand Bleu* et *Léon*. Il est aussi une des stars du (**3**) ▬▬▬ *Les visiteurs*, un film qui est très populaire parmi les jeunes (**4**) ▬▬▬.

En 1996, il a travaillé avec (**5**) ▬▬▬ dans *Mission impossible*. Et en 2005, il a été une des stars de *Birth of the Pink Panther*.

L'actrice Virginie Ledoyen vient de (**6**) ▬▬▬. Elle a joué dans son premier film à (**7**) ▬▬▬ ans. En 1997, elle a joué le rôle d'une chanteuse de (**8**) ▬▬▬ dans

le film *Héroïnes*, et en 1999, elle a travaillé avec Leonardo DiCaprio, dans (**9**) ▬▬▬. En 2002, elle a été une des stars des films français *Huit femmes* et *Bon voyage*. Dans *Bon voyage*, elle a travaillé avec un des plus grands (**10**) ▬▬▬ français, Gérard Depardieu.

film   Tom Cruise   Français   France   petit   *La plage*   acteurs   rock   dix   Paris

4 Cherche sur Internet des informations sur d'autres stars du cinéma.
Adapte les textes de l'exercice 3 et écris un paragraphe.

Look on the Internet for information about other film stars. Adapt the texts in Exercise 3 and write a paragraph.

Exemple:
Johnny Depp est acteur. Il vient des États-Unis, mais il habite en France.
En 2003, il a joué dans le film *Pirates des Caraïbes* avec Orlando Bloom …

5 À deux. Interviewe ton/ta partenaire.

In pairs. Interview your partner.

Quels genres de films
  préfères-tu?
Quel est ton film préféré?
Qui est ton acteur préféré?
Qui est ton actrice préférée?

Je préfère/aime les … mais je n'aime pas /
  je déteste les …
Mon film/acteur préféré est …
Mon actrice préférée est …
Mes films/acteurs/actrices préféré(e)s sont …

Les émissions de télé — *TV programmes*

une comédie	*a comedy*
un jeu télévisé	*a gameshow*
une série	*a soap*
une série policière	*a police series*
une émission musicale	*a music programme*
une émission de sport	*a sports programme*
une émission de science-fiction	*a science-fiction programme*
une émission de télé-réalité	*a reality TV programme*

Les verbes au présent — *Present tense verbs*

j'achète	*I buy*
j'adore	*I love*
j'ai	*I have, I've got*
j'aime (beaucoup)	*I (really) like*
je n'aime pas	*I don't like*
je déteste	*I hate*
j'écoute	*I listen to*
je joue	*I play*
je mange	*I eat*
je préfère	*I prefer*
je regarde	*I watch*
je suis	*I am*
je vais	*I go*

Les films — *Films*

un film de science-fiction	*a science-fiction film*
un film d'horreur	*a horror film*
un film policier	*a police film*
un film d'action	*an action/adventure film*
un film d'arts martiaux	*a martial-arts film*
une comédie	*a comedy*
un dessin animé	*a cartoon*
une histoire d'amour	*a love story*

La fréquence — *Frequency*

une/deux fois par semaine	*once/twice a week*
souvent	*often*
rarement	*rarely*
de temps en temps	*from time to time*
tous les week-ends	*every weekend*

Les yeux et les cheveux — *Eyes and hair*

les yeux bleus	*blue eyes*
marron	*brown eyes*
gris	*grey eyes*
verts	*green eyes*
les cheveux courts	*short hair*
longs	*long hair*
mi-longs	*medium-length hair*
frisés	*curly hair*
blonds	*blond hair*
bruns	*brown hair*
noirs	*black hair*
roux	*red/ginger hair*

Les nationalités — *Nationalities*

algérien / algérienne	*Algerian*
anglais / anglaise	*English*
écossais / écossaise	*Scottish*
français / française	*French*
gallois / galloise	*Welsh*
irlandais / irlandaise	*Irish*
québécois / québécoise	*from Quebec*
tunisien / tunisienne	*Tunisian*

La lecture — Reading

un magazine de foot	*a football magazine*
un magazine de musique pop	*a pop-music magazine*
un magazine féminin	*a girls'/women's magazine*
une BD (bande dessinée)	*a cartoon-strip book*
un livre d'horreur	*a horror book*
un livre de science-fiction	*a science-fiction book*
un livre de Harry Potter	*a Harry Potter book*
mon auteur préféré	*my favourite author*

Les verbes au passé composé — Perfect tense verbs

j'ai acheté	*I bought*
j'ai bu	*I drank*
j'ai écouté	*I listened to*
j'ai fait	*I did*
j'ai joué	*I played*
j'ai lu	*I read*
j'ai mangé	*I ate*
j'ai regardé	*I watched*
j'ai retrouvé	*I met up with*
j'ai vu	*I saw*

Quand? — When?

samedi dernier	*last Saturday*
samedi matin	*on Saturday morning*
dimanche après-midi	*on Sunday afternoon*
dimanche soir	*on Sunday evening*
le soir	*in the evening*
ensuite	*next*
puis	*then*
après	*afterwards*

Stratégie 1
Endings, not beginnings

When you want to work out what a verb means, look at the end of the word as well as the beginning.

*regard**er***	to watch (the infinitive)
*regard**e***	watch/watching (present tense)
*regard**é***	watched (past participle)

1 Qu'est-ce qu'on va faire demain?

Planning what you are going to do
Using *on va* + the infinitive

---

lire **1** **Relie l'activité et l'image.**

1
Demain, on va regarder la télé.

2
Demain, on va écouter des CD.

3
Demain, on va aller au cinéma.

4
Demain, on va jouer au flipper.

5
Demain, on va manger au fast-food.

a 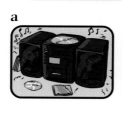 **b** 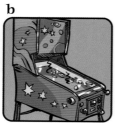 **c**  **d**  **e**

écouter **2** **Relie le jour et l'activité de l'exercice 1. (a–e)**

Exemple: lundi c

lundi   mardi   mercredi   jeudi   vendredi

Expo-langue ▶ Grammaire 3.11

To talk about what you and a friend are going to do in the future, use **on va** with the infinitive.
on va regard**er** = we are going to watch
on va rentr**er** = we are going to come home

The infinitive is the unchanged form of the verb which you find in the dictionary.

---

parler **3** **À deux. Un(e) partenaire mémorise l'agenda puis ferme le livre. L'autre partenaire pose des questions.**

In pairs. One partner memorises the diary, then closes the book. The other partner asks questions.

Exemple:
■ Qu'est-ce qu'on va faire lundi?
● Lundi, on va aller au cinéma.
■ Non!
● Lundi, on va regarder la télé.
■ D'accord!

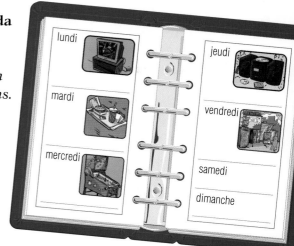

écrire **4** **Utilise l'agenda de l'exercice 3 pour écrire cinq phrases.**

Exemple: Lundi, on va regarder la télé.

---

5 Écoute et note: «a» ou «b»?

1 a regarder   b regarde
2 a manger   b mange
3 a acheter   b achète
4 a visiter   b visite
5 a mémoriser   b mémorise
6 a fermer   b ferme

> The **-er** ending on an infinitive sounds like *ay*.

6 Mets les images dans le bon ordre.

Alex

Voici les projets pour demain. D'abord, on va manger avec ma famille. Puis on va aller au Stade de France en métro. On va regarder le match, et après, on va jouer au baby-foot au café avec mon frère. Puis on va rentrer à la maison où on va écouter des CD.

Jérôme

a

b

c

d

e

f

7 Copie et complète la lettre.

Cher grand-père,

Demain, on va (1) _____ à Londres avec le collège! D'abord, on va visiter le Palais de (2) _____ . Après, on (3) _____ faire du shopping à Covent Garden et on va (4) _____ dans un fast-food à Leicester Square. Finalement, on va acheter des (5) _____ à Oxford Street. Génial!

Grosses bises,
Anne-Laure

aller

souvenirs

manger

va

Buckingham

écouter **1** **Note la bonne lettre pour chaque personne. (1–9)**

Exemple: 1 e

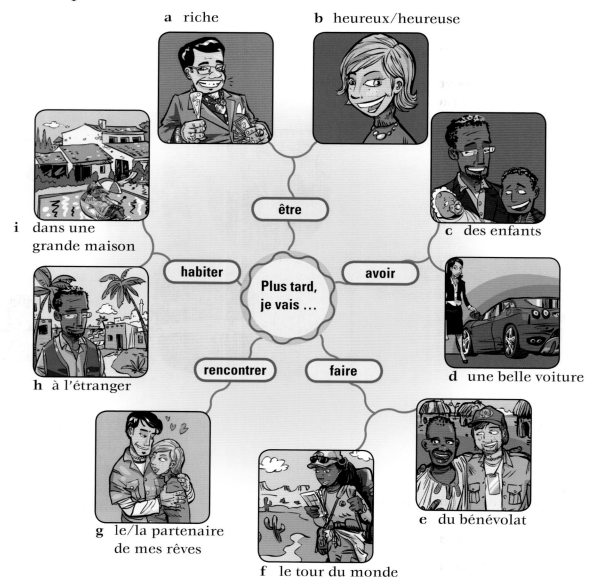

a riche

b heureux/heureuse

i dans une grande maison

être

c des enfants

habiter **avoir**

Plus tard, je vais …

h à l'étranger

rencontrer **faire**

d une belle voiture

g le/la partenaire de mes rêves

f le tour du monde

e du bénévolat

parler **2** **À deux. En secret, note trois lettres de l'exercice 1 pour prédire l'avenir de ton/ta partenaire. À tour de rôle devine ton avenir.**
In pairs. In secret, note down three letters from Exercise 1 to predict your partner's future. Take turns to guess your future.

Exemple: c, …

■ Je vais avoir une belle voiture?

● Non!

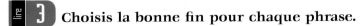

lire 3 Choisis la bonne fin pour chaque phrase.

1 Je vais faire ...   a ... le prince William.
2 Il va jouer ...   b ... une belle Ferrari rouge.
3 Je vais rencontrer ... c ... riche et célèbre.
4 Je vais être ...   d ... le tour du monde.
5 Je vais avoir ...   e ... dans un appartement de luxe.
6 Tu vas habiter ...   f ... au foot pour l'Angleterre.

écouter 4 Qu'est-ce qu'ils vont faire plus tard?
Relie les personnes et les images.

Exemple: Sandrine c

| Sandrine | Éric | Romain |

| Laure | Agnès |

> **Expo-langue ▶ Grammaire 3.11**
>
> To talk about the future, use the verb **aller**.
>
> je vais   nous allons
> tu vas   vous allez
> il/elle/on va   ils/elles vont
>
> It is followed by the infinitive.
> je **vais** rencontr**er** = I am going to meet
> elle **va être** = she is going to be

a

b
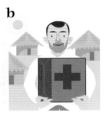

c

d
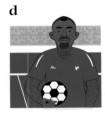

e
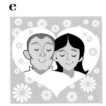

parler 5 À deux. Prépare une question et une réponse pour chaque image de l'exercice 4.

Exemple:

■ Qu'est-ce que tu vas faire plus tard?
● Je vais avoir une belle moto noire.

écrire 6 Écris trois phrases pour chaque personne.

Exemple: Alima va habiter dans une grande maison.
             Elle va ...

Alima

Thomas

3 Qu'est-ce que tu vas faire dans la vie?
Talking about future careers
Practising the near future tense

 1 Écoute et lis.

Elsa va quitter le collège à 16 ans. Puis elle va faire un apprentissage.

Après le collège, Michel va aller au lycée. Puis il va étudier l'anglais et l'espagnol à l'université. Il va être professeur.

Natsumi va aller à l'université où elle va faire une licence de marketing.

À 16 ans, Louis va quitter le collège et il va travailler avec son père.

 2 Trouve les verbes français.

1 to leave school
2 to do an apprenticeship
3 to go to sixth-form college
4 to study

5 to be
6 to go to university
7 to do a degree
8 to work

3 Qui parle: Elsa, Michel, Natsumi ou Louis? (1–7)

4 À deux. Prépare une conversation pour chaque personne.

Exemple:

- Annie, qu'est-ce que tu vas faire dans la vie?
- Je vais quitter le collège.
- Et après?
- Après, je vais travailler avec ma mère.

Annie: leave school, work with mother
Fred: go to sixth-form college, do an apprenticeship
Alain: do a degree in French, work in France
Fatou: study maths and computing, be an engineer

lire 5

Lis l'e-mail. Puis relie les images et les prénoms.

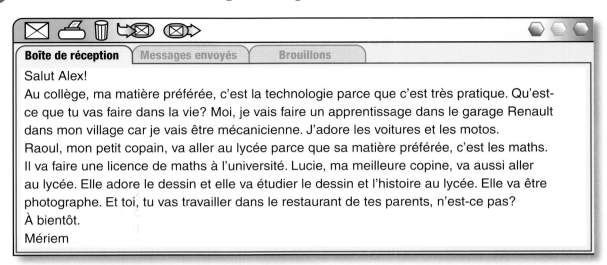

Boîte de réception | Messages envoyés | Brouillons

Salut Alex!

Au collège, ma matière préférée, c'est la technologie parce que c'est très pratique. Qu'est-ce que tu vas faire dans la vie? Moi, je vais faire un apprentissage dans le garage Renault dans mon village car je vais être mécanicienne. J'adore les voitures et les motos.

Raoul, mon petit copain, va aller au lycée parce que sa matière préférée, c'est les maths. Il va faire une licence de maths à l'université. Lucie, ma meilleure copine, va aussi aller au lycée. Elle adore le dessin et elle va étudier le dessin et l'histoire au lycée. Elle va être photographe. Et toi, tu vas travailler dans le restaurant de tes parents, n'est-ce pas?

À bientôt.

Mériem

Mériem   Raoul   Lucie   Alex

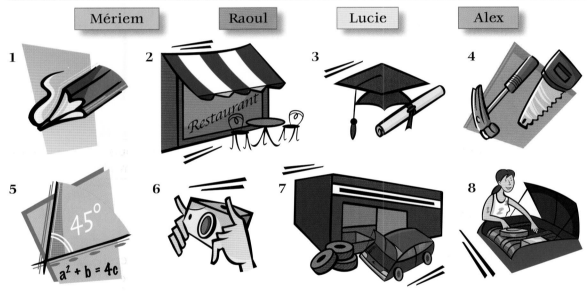

1   2   3   4

5   6   7   8

écrire 6

**Écris une réponse à l'e-mail.
Utilise les détails sur la fiche.**

Prénom: Alex

Matière préférée
(+ raison):   (utile)

Avenir:

Métier désiré:

Passion:

Mini-test

I can ...

- ■ say what we are going to do tomorrow
- ■ say what I am going to do in the future
- ■ report what others are going to do in the future
- ■ say what I am going to do when I leave school
- ■ understand other people's future plans
- ■ use the near future tense with *je, tu, il, elle* and *on*

4 Pourquoi apprendre les langues?
Why languages are important
Using modal verbs

1 Écoute et lis.

Martin

> Je veux être chauffeur de camion plus tard. Je vais voyager en Europe, donc une langue étrangère est utile pour moi.

Rosie

> Je dois parler une langue étrangère parce que je veux être secrétaire pour une entreprise qui a des clients en Europe.

Calum

> Je vais aller à l'université où je vais faire une licence d'informatique. Mais je dois aussi étudier le français. Comme ça, je peux travailler en Suisse ou en Afrique du Nord, par exemple.

> Je dois apprendre le français parce que je veux travailler en France.

Nicole

2 Qui ...

1. ... veut étudier l'informatique à l'université?
2. ... veut parler français avec des clients européens?
3. ... veut travailler en Suisse?
4. ... va voyager en Europe?
5. ... veut travailler en France?
6. ... veut être chauffeur de camion?

Expo-langue ▶ Grammaire 3.10

These key modal verbs are followed by the infinitive.

je peux = I can	on peut = you can
je veux = I want to	on veut = you want to
je dois = I must	on doit = you must

Exemple: je dois apprendre = I must learn
on peut travailler = you can work

---

3 Mets les phrases dans le bon ordre.

1. je apprendre dois français le
2. veux secrétaire je être
3. peux je Europe en travailler
4. dois une parler étrangère langue je
5. en je par peux Afrique exemple travailler

4 Qui dit chaque phrase: Sally, Brian ou Dan?

1. Je vais aller à l'université.
2. Je peux parler à des clients.
3. Je veux travailler en France.
4. Je veux habiter en France.

parler **5** À deux. Donne au moins six raisons pour apprendre une langue étrangère. Utilise la grille.

In pairs. Give at least six reasons for learning a foreign language. Use the grid.

Exemple: Je peux travailler à l'étranger pour mon métier.

Je	veux peux dois	voyager travailler parler habiter	en Europe une langue étrangère à l'étranger	pour mon métier.

lire **6** Lis et complète les phrases en anglais.

Pourquoi apprendre les langues?

☐ Seulement 6% de la population du monde parlent anglais comme langue maternelle.
☐ Plus de 75% de la population du monde ne parlent pas anglais.

1 Puisque 60% du commerce britannique se fait avec des pays qui ne parlent pas anglais, si on parle une langue étrangère, on peut travailler pour toutes sortes d'entreprises.

2 Aujourd'hui, on peut voyager de Londres en France, par exemple, pour £6.99! Si on veut apprécier la culture d'un pays étranger, on doit comprendre la langue.

3 La Grande-Bretagne fait partie de l'Union Européenne, donc on peut travailler dans un autre pays européen, y compris la France, la Suisse et la Belgique.

4 Chauffeur de camion, instructeur de sports aquatiques, journaliste ou guide touristique: dans ces métiers, par exemple, on peut voyager à l'étranger. Si on parle une langue étrangère, on peut avoir un contact plus sympathique avec les habitants.

(Chiffres: © CILT, 2003)

1 Only 6% of the world's population …
2 More than 75% of the world's population …
3 Sixty per cent of British business is with countries which …
4 If you want to appreciate the culture of a country, you must understand …
5 Britain is part of the European Union. Therefore, you can …
6 You can travel abroad in many jobs, for example …
7 If you speak a foreign language, the contact you have with people is more …

écrire **7** Prépare un poster qui s'appelle «Pourquoi est-ce que j'apprends une langue étrangère?».

1 Écoute et lis.

Étude de cas: Luke Smith

Luke Smith a 23 ans et il vient de Hull en Angleterre. Il a quitté le collège à 18 ans. Il a un «C» en français dans son examen GCSE. Pourtant, il habite maintenant en Corse, où il est moniteur qualifié de planche à voile.

En ce moment, il travaille pour Mark Warner, un club de vacances avec des centres partout en Europe. Ses clients sont britanniques, donc il parle souvent anglais, mais il parle français avec les habitants de l'île. De plus, comme Luke travaille dans un bar local, il utilise son français quand il parle avec les clients. Finalement, il parle aussi beaucoup français pendant ses temps libres, parce qu'il a une petite amie française!

L'année prochaine, Luke va travailler au Canada. Il va être moniteur de planche à voile dans un centre de sports aquatiques au Québec, où il va aussi parler français aux clients.

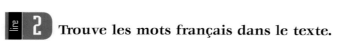

2 Trouve les mots français dans le texte.

1 p _ u _ t _ n _ = however
2 o _ = where
3 e _ c _ m _ m _ n _ = at the moment
4 d _ n _ = therefore
5 d _ p _ u _ = in addition
6 c _ m _ e = since
7 f _ n _ l _ m _ n _ = finally

3 Choisis la bonne fin pour chaque phrase. Utilise le glossaire si tu veux.

1 Luke est *français / anglais*.
2 Il a obtenu un *A* / C* à son examen GCSE en français.
3 En ce moment, il habite *au Canada / en Corse*.
4 Il est moniteur de *ski / planche à voile*.
5 Il parle français quand il travaille dans le *magasin / bar*.
6 Il a une petite amie *française / anglaise*.
7 L'année prochaine, il va aller *en Corse / au Québec*.

4 À deux. Tu es Luke. Prépare une conversation.

1 ■ Quel âge as-tu?
● J'ai …

2 ■ D'où viens-tu?
● Je viens de …

3 ■ Quel est ton métier?
● Je suis …

4 ■ Où travailles-tu?
● Je travaille …

5 ■ Est-ce que tu parles français?
● Oui, je parle français avec …

6 ■ Qu'est-ce que tu vas faire l'année prochaine?
● Je vais …

 5 Écoute l'interview avec Melanie. Note ses réponses aux questions 1–6 de l'exercice 4.

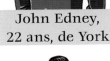 **6** À deux. Prépare une interview à la radio entre Philippe Bertillon et John Edney. Utilise les questions de l'exercice 4.

Exemple:

Philippe: Bonsoir, c'est Philippe Bertillon. Bienvenue à «Les Anglais chez nous», une émission où j'interviewe de jeunes Anglais qui travaillent en France. Voici John Edney.

John: Bonsoir, Philippe.

Philippe: Quel âge as-tu, John?

John Edney, 22 ans, de York

sa petite amie française

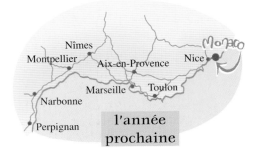

l'année prochaine

 7 Écris deux ou trois paragraphes sur John Edney. Utilise les informations de l'exercice 6 et les mots de l'exercice 2 pour joindre tes phrases.

Unité 1

I can

- say what we are going to do tomorrow

  Qu'est-ce qu'on va faire demain?
  On va regarder le match.

- G use the near future tense correctly
  with *on*

  on va manger
  on va jouer

- pronounce the *-er* ending on infinitives

  regarder, manger, acheter

Unité 2

I can

- say what I am going to do in the future

  Je vais avoir des enfants.
  Je vais faire du bénévolat.

- report what others are going to do in
  the future

  Elle va avoir une belle voiture.
  Il va être riche.

- G use the near future tense correctly
  with *je/tu/il/elle*

  je vais être
  elle va faire

Unité 3

I can

- say what I am going to do when
  I leave school

  Je vais aller à l'université.
  Je vais faire un apprentissage.

- understand other people's future plans

  Il va étudier le français.
  Elle va faire une licence.

Unité 4

I can

- say why languages are important

  On peut travailler pour toutes sortes
   d'entreprises.
  On peut travailler dans un autre
   pays européen.

- G use modal verbs correctly

  Je veux parler français aux clients.
  On peut travailler en France.

Unité 5

I can

- understand a text containing present and
  near future tense verbs

  Il travaille en Corse.
  Il va travailler au Canada.

- G understand some more connectives

  pourtant, donc, finalement

écouter 1 Qu'est-ce qu'ils vont faire demain? Note les bonnes lettres pour chaque personne. (1–4)

1 Amandine   3 Paul

2 Sascha   4 Kamel

Exemple: 1 Amandine g, …

parler 2 Parle de ta semaine.

Exemple: lundi c

Lundi, je vais jouer au flipper.

lundi	c	vendredi	b
mardi	e	samedi	d
mercredi	a	dimanche	f
jeudi	i		

lire 3 Lis les horoscopes et regarde les images. C'est quel signe: Sagittaire ou Taureau?

Exemple: Sagittaire h, …

Sagittaire

Tu vas rencontrer le/la partenaire de tes rêves et tu vas avoir des enfants. Tu vas être très riche et tu vas habiter dans une grande maison. Tu vas avoir une belle voiture noire et tu vas faire le tour du monde en avion.

Taureau

Tu vas aller à l'université et tu vas faire une licence de français. Pendant les vacances, tu vas travailler comme moniteur de surf. Puis tu vas travailler dans une banque à Paris. Après, tu vas voyager en Afrique où tu vas faire du bénévolat.

écrire 4 Qu'est-ce que tu vas faire? Choisis quatre images de l'exercice 3 et écris trois ou quatre phrases.

Exemple: Plus tard, je vais …

Les vacances de Noël

 1 Écoute et lis.

Qu'est-ce que ces jeunes vont faire pendant les vacances de Noël?

Sabrina habite en France. Le 24 décembre, sa famille va faire un grand dîner avec des huîtres et du foie gras. Puis Sabrina va aller à la messe de minuit car sa famille est catholique. Le jour de Noël, ils vont manger de la dinde et, comme dessert, une bûche de Noël. Ça sera délicieux.

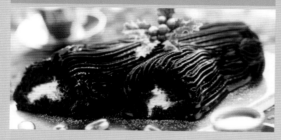

Ahmed habite au Maroc. Ahmed et sa famille sont musulmans. Chez les musulmans, on appelle cette fête «la fête de la tête de l'an». Le jour de Noël, la famille d'Ahmed, les cousins, les tantes et les oncles vont aller chez les grands-parents d'Ahmed. Ils vont manger des gâteaux, discuter et regarder des émissions de télévision intéressantes. Ça sera très amusant.

Christophe habite à Montréal au Canada. Pour Noël, sa mère va décorer l'extérieur de la maison avec des lumières et des rubans rouges. Avec sa petite sœur, Christophe va voir la parade du Père Noël. Ça sera génial. Le 24 décembre, sa sœur va placer du lait et des biscuits près de la cheminée pour le Père Noël.

2 À deux. Cherche l'intrus.

> ça sera = that will be

1 des huîtres   du foie gras   des spaghettis   de la dinde
2 catholique   protestant   musulman   Noël
3 une tante   un oncle   un cousin   des grands-parents
4 émission   manger   discuter   décorer
5 le 24 décembre   le jour de Noël   le Père Noël   le 25 décembre

3 Qui ...

1 ... va voir une parade avec sa sœur?
2 ... va manger de la bûche de Noël?
3 ... va voir ses grands-parents?
4 ... habite au Québec?
5 ... est musulman?
6 ... va aller à l'église à 24h?
7 ... va manger des gâteaux?
8 ... est catholique?

4 Sam habite en Suisse. Qu'est-ce qu'il va faire pendant les vacances de Noël? Note ses six activités et son opinion sur chaque activité: ☺ ou ☹.

Exemple: aller au restaurant ☹

parler 5 À deux. Cette année, tu vas avoir des vacances de Noël un peu différentes … Fais six phrases comme dans l'exemple.

Exemple: D'habitude **je vais** chez ma grand-mère, mais ce Noël **je vais aller** en Suisse.

D'habitude …	Ce Noël …
C'est ☺	Ça sera ☺ ☺ ☺

écrire 6 Joins les phrases de l'exercice 5 pour faire un long paragraphe. Ajoute des conjonctions et évite les répétitions.
Join together the sentences from Exercise 5 to make one long paragraph. Add connectives and try to avoid repetition.

parler 7 À deux. Prépare des réponses à cette question.

Qu'est-ce que tu vas faire pendant les vacances de Noël?

Utilise ces notes.

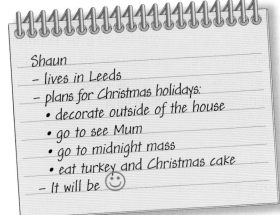

Shaun
- lives in Leeds
- plans for Christmas holidays:
  • decorate outside of the house
  • go to see Mum
  • go to midnight mass
  • eat turkey and Christmas cake
- It will be ☺

Rachida
- lives in Southampton
- plans for Christmas holidays:
  • go to see grandparents
  • eat lots of cakes and chocolate
  • watch TV
  • go to the cinema
- It will be ☺

Jeu-concours sur l'avenir

 À deux. Fais le jeu-concours.

Qu'est-ce que tu vas faire dans la vie?

C'est une question difficile, mais à 13 ou 14 ans, on doit prendre des décisions importantes. Fais le jeu-concours pour voir quelques possibilités …

1
Au collège, tu préfères
a) la technologie ou le sport.
b) l'anglais ou les langues.
c) l'informatique.

2
À 30 ans, tu vas avoir
a) une maison à la campagne.
b) une maison de taille moyenne.
c) une grande maison de luxe avec douze pièces.

3
Tu préfères les films
a) de science-fiction ou les westerns.
b) romantiques ou les comédies.
c) de guerre ou de suspense.

4
Les langues sont importantes car
a) on peut voyager dans beaucoup de pays.
b) on peut avoir des contacts avec les habitants.
c) on peut gagner beaucoup d'argent.

5
Qu'est-ce que tu vas faire ce soir?
a) Tu vas faire du sport.
b) Tu vas sortir avec des copains.
c) Tu vas jouer à l'ordinateur ou regarder des DVD.

6
Qu'est-ce que tu préfères lire?
a) des livres (non-fiction)
b) des romans
c) des magazines ou journaux

Solutions

Si tu as plutôt des «a»
Puisque tu es une personne assez pratique et que tu aimes être en plein air, tu vas être peut-être horticulteur/trice, agent de police ou maçon(ne).

Si tu as plutôt des «b»
Tu aimes les gens. Tu vas travailler peut-être avec des enfants, des personnes âgées ou des malades, ou dans un bureau plein d'animation.

Si tu as plutôt des «c»
Tu es ambitieux/se. Peut-être que tu vas avoir ta propre entreprise ou tu vas être comptable, avocat(e) ou ingénieur.

 Prépare trois ou quatre autres questions pour ce jeu-concours.

3 Lis, écoute et chante!

Les résolutions du Nouvel An

Pour le Nouvel An,
Je vais être plus calme,
Pas de disputes, pas de drames,
Avec mes parents …

Pour le Nouvel An,
Je vais manger plus sain:
Fruits, légumes, riz et pain,
C'est fini, les bonbons …

Pour le Nouvel An,
Je vais faire mes devoirs:
Maths, français et histoire,
Je vais trouver le temps …

Toutes ces résolutions,
Eh oui, tu peux me dire
«Tu vas les tenir?»
Mais bien sûr que non!

Qu'est-ce qu'on va faire demain?

On va …
   acheter des souvenirs.
   aller au cinéma.
   aller à Londres.
   aller au stade.
   écouter des CD.
   faire du shopping.
   jouer au baby-foot.
   jouer au flipper.
   manger avec ma famille.
   manger au fast-food.
   regarder le match.
   regarder la télé.
   rentrer à la maison.
   visiter le Palais de Buckingham.
demain
les projets

À l'avenir …

Je vais avoir …
   une belle moto/voiture.
   des enfants.

Je vais être …
   célèbre.
   riche.
   heureux/heureuse.

Je vais faire …
   le tour du monde.
   du bénévolat.

Je vais habiter …
   dans un appartement de luxe.
   dans une grande maison.
   à l'étranger.

Je vais jouer
  au foot pour l'Angleterre.
Je vais rencontrer
  le/la partenaire de mes rêves.

What are we going to do tomorrow?

We're going to …
   buy souvenirs.
   go to the cinema.
   go to London.
   go to the stadium.
   listen to CDs.
   go shopping.
   play table football.
   play pinball.
   eat with my family.
   eat at the fast-food place.
   watch the match.
   watch TV.
   go home.
   visit Buckingham Palace.
tomorrow
the plans

In the future …

I'm going to have …
   a nice motorbike/car.
   children.

I'm going to be …
   famous.
   rich.
   happy.

I'm going to …
   go round the world.
   do voluntary work.

I'm going to live …
   in a luxury apartment.
   in a big house.
   abroad.

I'm going to play
  football for England.
I'm going to meet
  my dream partner.

Après le collège | *After school*

à (16) ans	*at the age of (16)*
aller au lycée	*to go to sixth-form college*
aller à l'université	*to go to university*
être (professeur)	*to be (a teacher)*
étudier (l'anglais)	*to study (English)*
faire un apprentissage	*to do an apprenticeship*
faire une licence (de marketing)	*to do a (marketing) degree*
quitter le collège	*to leave school*
travailler	*to work*

Pourquoi apprendre les langues? | *Why learn languages?*

parler une langue étrangère	*to speak a foreign language*
voyager en Europe	*to travel in/to Europe*
habiter à l'étranger	*to live abroad*
travailler pour une entreprise	*to work for a company*
apprécier la culture	*to appreciate the culture*
pour mon métier	*for my job*
avoir un contact plus sympathique avec les habitants	*to have friendlier relations with the locals*
comprendre	*to understand*
utiliser	*to use*
un chauffeur de camion	*a lorry driver*
un secrétaire	*a secretary*
le commerce	*business*
la langue maternelle	*mother tongue*
l'Union Européenne	*the European Union*
des clients	*customers*
utile	*useful*
plus tard dans la vie	*later in life*
seulement	*only*

Les verbes modaux | *Modal verbs*

je dois	*I must*
on doit	*we/one must*
je peux	*I can*
on peut	*we/one can*
je veux	*I want to*
on veut	*we/one want(s) to*

Les conjonctions | *Connectives*

car	*because*
comme	*as, since, because*
de plus	*what's more / in addition*
donc	*therefore*
en ce moment	*at the moment*
finalement	*finally*
où	*where*
pourtant	*however*
y compris	*including*

Stratégie 2
Checking your work

Here are the most important things to check when you've written a piece of French. It doesn't take much effort to make sure you write better French and get better marks.

Spelling	If you're not sure of a word, look it up again.
Gender	*Le* or *la*? A dictionary will tell you: masc. (for masculine) or fem. (for feminine).
Tense	Check that you have written: ● the correct ending on the verb ● *avoir/être* + past participle for the past ● *aller* + infinitive for what you're going to do.
Agreements	If you're using an adjective with a noun, make sure you make it 'agree': usually there's a different ending for feminine and plural adjectives.
Accents	They change the way you pronounce a word, but can also change the meaning: *aim**e*** or *aim**é***, *arriv**e*** or *arriv**é***?

1 Je suis malade — Talking about illness
Using *avoir mal à*

1 Qui parle? Écoute et note les prénoms. (1–7)

Exemple: **1** Thomas

> J'ai mal à l'oreille.

> J'ai mal au ventre.

> J'ai mal au cœur.

> J'ai mal à la tête.

Thomas

Mathilde

Claire

> J'ai mal au dos.

> J'ai mal aux dents.

Tarik

Pauline

Vincent

> J'ai mal à la gorge.

Louis

Expo-langue ▶ Grammaire 3.5

You use **avoir mal à** followed by a part of the body to say where it hurts.

J'ai / Tu as / Il a / Elle a mal …

masculine	feminine	in front of a vowel	plural
au dos	**à la** tête	**à l'**oreille	**aux** dents

2 À deux. Regarde les images de l'exercice 1 et fais un dialogue.

Exemple:

- ■ Salut, Louis! Ça va?
- ● Non. J'ai mal à la gorge. Et toi, Tarik?
- ■ J'ai mal à la tête.

3 Écris deux dialogues entre les personnes de l'exercice 1.

Exemple:

- ■ Bonjour, Mathilde. Ça va?
- ● Non. J'ai mal au ventre. Et toi, Vincent, ça va?
- ■ Non, ça ne va pas. J'ai mal aux dents.

4 Copie et complète les phrases avec *au, à la, à l'* ou *aux*.

Exemple: **1** J'ai mal à la main.

1	2	3	4

la main   le pied   le bras   la jambe

J'ai mal ▬ main.   J'ai mal ▬ pied.   J'ai mal ▬ bras.   J'ai mal ▬ jambe.

 5 Écoute et vérifie.

 6 À deux. Fais des conversations. Il faut exagérer!

Exemple:
- ■ J'ai mal à la gorge.
- ● J'ai mal à la gorge et j'ai mal au bras!
- ■ J'ai mal à la gorge, j'ai mal au bras et j'ai …

 7 Lis le texte et écris le prénom de chaque personne dans l'image.

Exemple: **1** Léane

Salut! Ça va? Pour les copines et moi, ça ne va pas! Pourquoi? Le match de foot contre Les Tigresses (comme le nom l'indique!). Moi, j'ai mal au dos et à la main. Nabila a mal à la jambe et aux dents. Justine a mal à l'oreille et au pied. Léane a mal au bras et à la tête. Et Chloé a mal aux pieds. C'est dangereux, le foot! Moi, je préfère le baby-foot! Anna

8 Regarde les images. Imagine que tu es Sébastien. Écris des phrases sur toi et tes copains.

Exemple: Moi, j'ai mal au pied et à la … Amir a mal … Lucas a mal …

Sébastien   Amir   Lucas

écouter **1** Écoute et relie les images et les problèmes. (1–8)

Exemple: 1 f

| 1 | J'ai chaud. | 2 | J'ai froid. | 3 | J'ai soif. | 4 | Je n'ai pas faim. |

| 5 | J'ai de la fièvre. | 6 | Je suis malade. | 7 | Je suis enrhumé(e). | 8 | Je suis fatigué(e). |

parler **2** À deux. Choisis entre les images et fais un dialogue.

In pairs. Choose from the pictures and make up a dialogue.

Exemple:
- ■ Ça ne va pas, **Sean**?
- ● Non, ça ne va pas. Je **suis fatigué.**

- ■ Ça ne va pas, ———— ?
- ● Non, ça ne va pas. Je suis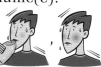
- ■ Tu es enrhumé(e)?
- ● Oui. J'ai

Expo-langue ▶ Grammaire 3.5

Some French expressions use the verb **avoir** (*to have*), rather than **être**, even though English uses the verb *to be*.

Exemples:
J'**ai** froid. = I am cold. (literally: I have cold.)
Il **a** soif. = He is thirsty. (literally: He has thirst.)

How many more like this can you spot in Exercise 1?

écouter **3** Écoute et répète.

Fleur Dumas est enrhumée et Hugo Lemieux a mal au cœur.

To make the French **eu** sound, try saying *er* (as though you were hesitating) in English, but stick your bottom lip out a bit more!
To make the French **u** sound, try saying *ooh* in English, but pull your top lip down a bit!

4 **Cinq élèves sont absents. Écoute pourquoi. Copie et coche les cases dans la grille.**
Five pupils are absent. Listen why. Copy and tick the boxes in the grid.

	hot	cold	thirsty	fever	got a cold	tired	not hungry
Farida		✔				✔	
Romain							
Marie							
Ahmed							
Lucie							

5 **Il y a un contrôle de maths au collège. Lis les mots d'excuse et réponds aux questions en anglais.**
There's a maths test at school. Read the absence notes and answer the questions in English.

Exemple: 1 Emma

Who …
1 … might have a cold?
2 … has got a temperature?
3 … is feeling very tired?
4 … feels very thirsty?
5 … feels cold?
6 … feels sick?
7 … has got a sore throat?

Monsieur,

Ma fille Yasmina est malade et ne peut pas venir au collège. Elle a mal au cœur et elle est aussi très fatiguée.

Monsieur Djamal

Monsieur,

Je suis désolée, mais ma fille, Emma Duval, est malade aujourd'hui et elle ne peut pas venir au collège. Elle a froid et elle a mal à la gorge. Elle est peut-être enrhumée.

Madame Duval

Monsieur,

Je suis désolée, mais Nicolas Jaudeau ne peut pas venir au collège aujourd'hui. Il a de la fièvre et il a très soif.

Madame Jaudeau

 6 **Écris un mot d'excuse pour un copain/une copine.**

Exemple:
Madame,
Je suis désolé(e), mais Julie ne peut pas venir au collège aujourd'hui, parce qu'elle est malade. Elle a … / Elle est …

Il Elle	a	chaud / froid / soif / de la fièvre.	
		mal	au ventre/cœur/dos. à la tête/gorge. à l'oreille. aux dents.
	n'a pas	faim.	
	est	enrhumé(e) / fatigué(e).	

1 Choisis la bonne phrase pour chaque image.

Exemple: 1 c

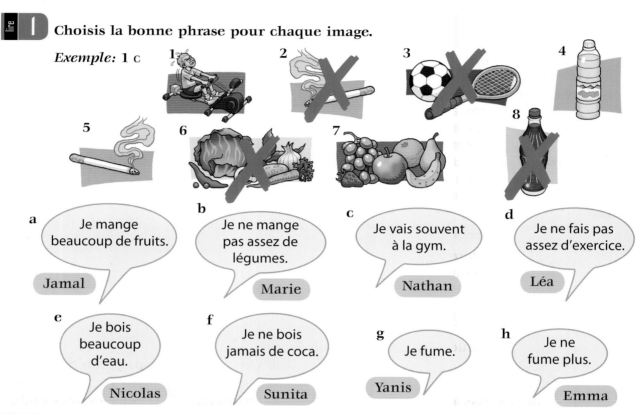

a Je mange beaucoup de fruits. — Jamal

b Je ne mange pas assez de légumes. — Marie

c Je vais souvent à la gym. — Nathan

d Je ne fais pas assez d'exercice. — Léa

e Je bois beaucoup d'eau. — Nicolas

f Je ne bois jamais de coca. — Sunita

g Je fume. — Yanis

h Je ne fume plus. — Emma

2 Écoute et vérifie.

3 Lis les phrases de l'exercice 1. Vrai (✔) ou faux (✘)?

Exemple: 1 ✘

1 Emma fume.
2 Jamal aime manger des pommes, des bananes, etc.
3 Sunita boit souvent du coca.
4 Nathan ne fait pas d'exercice.
5 Marie ne mange pas beaucoup de carottes, de petits pois, etc.
6 Nicolas boit beaucoup d'eau.
7 Yanis ne fume jamais.
8 Léa fait beaucoup d'exercice.

> beaucoup de = a lot of
> assez de = enough
> souvent = often
> ne … jamais = never
> ne … plus = no more, no longer

Expo-langue ▶ Grammaire 3.7

Negatives go around the verb.
ne … jamais means *never*
ne … plus means *no more* or *no longer*

Exemples:
Je **ne** mange **jamais** de légumes.
Je **ne** fume **plus**.

4 À deux. Regarde les images de l'exercice 1 et fais un dialogue.

Exemple:
■ Es-tu en forme?
● Oui. Je vais à la gym et je ne fume plus. Mais je ne mange pas assez de fruits. Et toi?
■ Je ne …, mais je … et … .

5 Écoute et lis les textes. Copie et complète les phrases.

Es-tu en forme?

Malheureusement, j'adore les hamburgers-frites, mais c'est mauvais pour la santé. Mais je mange aussi beaucoup de fruits et de légumes. Je ne bois pas assez d'eau parce que je préfère le coca. Je suis très sportif: je fais de la natation deux fois par semaine et je fais du kickboxing tous les week-ends. Mon héros, c'est Jean-Claude Van Damme! Je ne fume jamais.

Tarik

Je ne suis pas très sportive, mais je vais à la gym où je fais de l'aérobic une fois par semaine. C'est très bon pour la santé. De temps en temps, je fais aussi de la salsa. J'adore les fruits, mais je ne mange pas assez de légumes. Malheureusement, je mange beaucoup de chocolat et de chips. Je ne fume plus.

Pauline

malheureusement = unfortunately
bon/mauvais pour la santé = good/bad for your health

Exemple: **1** J'adore les hamburgers-frites.

1 J'adore les .

2 Je mange beaucoup de et de .

3 Je ne bois pas assez d' .

4 Je fais de l' une fois par semaine.

5 Je fais de la deux fois par semaine.

6 De temps en temps, je fais de la .

7 Je fais du tous les week-ends.

6 C'est bon ou mauvais pour la santé? Écris deux listes pour Tarik et Pauline.

Exemple:

	Bon pour la santé	Mauvais pour la santé
Tarik	Je mange beaucoup de fruits et de légumes.	J'adore les hamburgers-frites.
Pauline		

7 À deux. Imagine que tu es Superman ou Superwoman et ton/ta partenaire est Homer ou Marge Simpson. Fais un dialogue. Utilise les phrases de l'exercice 5.

Exemple:
- Es-tu en forme?
- Oui! Je suis très sportif/sportive. Je fais ... Je mange beaucoup de ... Et toi, es-tu en forme?
- Non! Je ne suis pas très sportif/sportive. J'adore les ...

Mini-test

I can ...
- talk about illness
- use *avoir mal à*
- say what's wrong
- use expressions with *avoir* and *être*
- talk about healthy living
- say how often I do things
- use negative expressions

1 Écoute et lis le texte.

2 **Trouve les mots dans le texte.**
Utilise le glossaire, si nécessaire.
Find the words in the text. Use the glossary if necessary.

1 your goal
2 seven simple rules
3 less fatty food
4 sweet things
5 drink
6 more exercise
7 sleep
8 per night
9 avoid stress

Expo-langue ▶ Grammaire 3.8

You use the imperative to tell somebody to do or not do something.
When talking to more than one person, or someone you do not know well, you use the **vous**-form imperative.

Exemples:
Mangez moins gras. = Eat less fatty food.
Ne **fumez** pas. = Don't smoke.

VOTRE BUT, C'EST LA FORME!

Pour gagner le match, suivez ces sept règles simples:

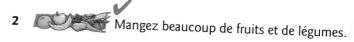

1 Mangez moins gras et moins de sucreries.

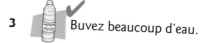

2 Mangez beaucoup de fruits et de légumes.

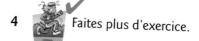

3 Buvez beaucoup d'eau.

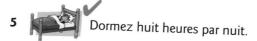

4 Faites plus d'exercice.

5 Dormez huit heures par nuit.

6 Évitez le stress.

7 Ne fumez pas.

---

3 **Quel est le problème? Écoute et note les bonnes lettres. (1–5)**

Exemple: 1 b

a  b  c  d  e

4 **Choisis le bon conseil dans l'exercice 1 pour chaque problème de l'exercice 3.**
Choose the right piece of advice from Exercise 1 for each problem in Exercise 3.

Exemple: a 7

parler 5 À deux. Imagine que tu es médecin. Ton/Ta partenaire est le patient. À tour de rôle, donne des conseils.

In pairs. Imagine that you are a doctor. Your partner is the patient. Take turns to give advice.

Exemple:
- ■ J'adore les hamburgers-frites.
- ● Mangez moins gras!

J'adore les hamburgers-frites.

Je ne bois pas d'eau.

Je dors une heure par nuit.

Je déteste les fruits et les légumes.

Je mange beaucoup de bonbons et de chocolat.

Je fume.   Je ne fais pas de sport.

lire 6 Qui dit quoi? Lis la bande dessinée, puis regarde les images et écris «P» (parents) ou «E» (enfants) pour chaque image.

Who says what? Read the cartoon, then look at the pictures and write 'P' (parents) or 'E' (children) for each picture.

Exemple: 1 P

écrire 7 Fais un poster anti-forme! Utilise les phrases dans les cases.

Make an anti-fitness poster! Use the sentences from the box.

Exemple:

Mangez	plus de frites et de chocolat!
Faites	moins d'exercice!
Buvez	beaucoup de coca et de fanta!
Dormez	une heure par nuit!
Évitez	les fruits et les légumes!
Fumez	plus de cigarettes!
Ne mangez pas	de fruits et de légumes!
Ne faites pas	d'exercice!
Ne buvez pas	d'eau!
Ne dormez pas	huit heures par nuit!
N'évitez pas	le stress!

Vous voulez être comme ça?

Suivez ces règles simples:
- ne mangez pas de fruits!
- Mangez plus de frites!
- Faites moins d'exercice!

1 Écoute et mets les images dans le bon ordre.

Exemple: b, …

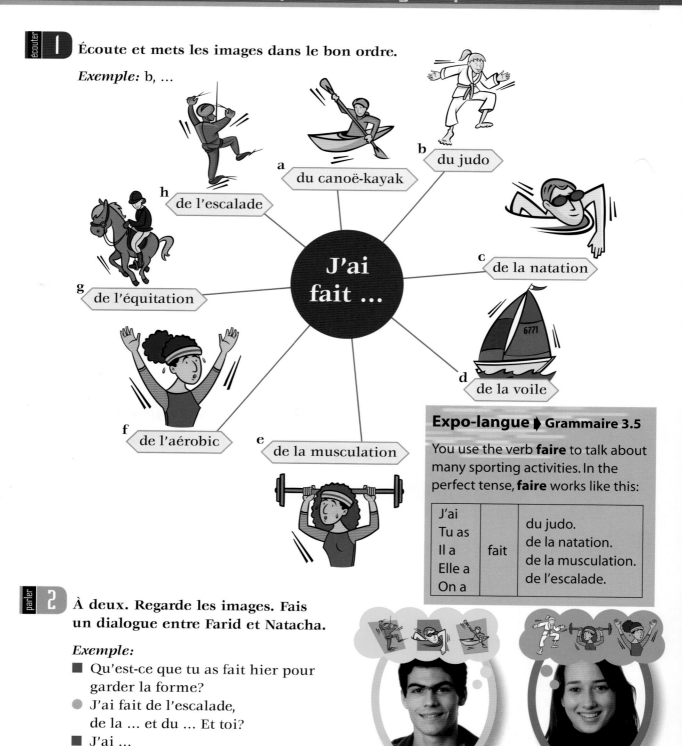

a **du canoë-kayak**

b **du judo**

h **de l'escalade**

g **de l'équitation**

J'ai fait …

c **de la natation**

d **de la voile**

f **de l'aérobic**

e **de la musculation**

Expo-langue ▶ Grammaire 3.5

You use the verb **faire** to talk about many sporting activities. In the perfect tense, **faire** works like this:

J'ai Tu as Il a Elle a On a	fait	du judo. de la natation. de la musculation. de l'escalade.

2 À deux. Regarde les images. Fais un dialogue entre Farid et Natacha.

Exemple:

■ Qu'est-ce que tu as fait hier pour garder la forme?

● J'ai fait de l'escalade, de la … et du … Et toi?

■ J'ai …

Farid

Natacha

3 Écris des phrases sur Farid et Natacha. Change les activités, si tu veux.

Exemple: Farid: Hier, j'ai fait de l'équitation, …

lire 4 Lis l'e-mail. Vrai (✔) ou faux (✗)?

Exemple: 1 ✗

Boîte de réception | Messages envoyés | Brouillons

Salut!

Qu'est-ce que tu as fait le week-end dernier pour être en forme? Moi, j'ai fait des activités bien différentes! J'ai fait un week-end d'activités dans les Alpes avec mes copains, Hugo, Marine et Lola.

Samedi, moi, j'ai fait du canoë-kayak. Mais Hugo trouve ça ennuyeux, donc, lui, il a fait de l'escalade avec Marine. Et Lola? Elle, elle a fait du ski sur herbe! Dimanche, Marine a fait de la planche à voile et Hugo a fait de l'équitation (lui, il n'aime pas l'eau!). Et moi, j'ai fait du canyoning avec Lola. C'est comme une randonnée à pied, mais sur l'eau! C'est super, mais l'eau dans les Alpes est très froide!

Gabriel

> sur herbe = on grass
> une randonnée à pied = a walk, hike
> moi, toi, lui, elle = I, you, he, she (used for emphasis)

1 Le week-end dernier, Gabriel a fait de la natation.
2 Hugo a fait de l'escalade.
3 Lola a fait du ski sur herbe.
4 Marine a fait de l'équitation.
5 Gabriel a fait du canyoning.
6 Hugo n'aime pas l'eau.
7 Marine a fait de la planche à voile.

écouter 5 Qui a fait quoi au Canada? Écoute, copie et coche les cases dans la grille.

	climbing	swimming	skiing	riding	windsurfing
Isabelle			✔		
Mère					
Père					
Frère					
Adrien					

Exemple:

lire 6 Qui parle? Écris «Isabelle», «père», «mère», «frère» ou «Adrien» pour chaque phrase.

Exemple: 1 mère

1 Moi, je n'aime pas le ski. J'ai fait de la planche à voile.
2 Moi, j'ai fait de la natation.
3 Moi, j'ai fait de l'escalade. J'adore ça!
4 Moi, tous les jours, j'ai fait du ski.
5 Moi, je préfère les animaux, donc j'ai fait de l'équitation.

Unité 1

I can

- ■ talk about illness
- G use *avoir mal à*

J'ai mal au dos/à la tête/aux dents.
Elle a mal au pied et mal à la jambe.

Unité 2

I can

- ■ say what's wrong with me
- G use expressions with *avoir* and *être*
- ☞ pronounce *eu* and *u* correctly

J'ai froid et j'ai soif.
Il a de la fièvre et il est fatigué.
Je suis enrhumé(e).
Elle a mal au cœur.

Unité 3

I can

- ■ talk about healthy living

- ■ say how often I do things

- G use negative expressions

Je mange beaucoup de fruits, mais je
  ne fais pas assez d'exercice.
Je fais du kickboxing tous les
  week-ends.
Je ne bois jamais de coca.
Je ne fume plus.

Unité 4

I can

- ■ understand and give advice

- G use imperatives

Mangez moins gras!
Ne fumez pas!
Faites plus d'exercice!
Buvez beaucoup d'eau!

Unité 5

I can

- ■ talk about what keep-fit activities
  I have done
- G use the perfect tense of *faire*

J'ai fait de la musculation et de
  l'aérobic.
Qu'est-ce que tu as fait pour garder
  la forme?
Il a fait de la natation.

écouter

1 **Écoute. Choisis les deux bonnes images pour chaque personne. (1–4)**

Exemple: 1 f, …

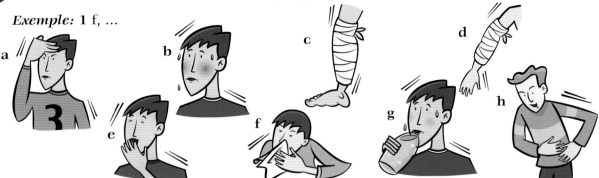

parler

2 **À deux. Prépare tes réponses aux questions. Puis fais une interview.**

- Tu manges beaucoup de fruits et de légumes?
- Tu bois beaucoup d'eau?
- Tu fais assez d'exercice?
- Tu fumes?

lire

3 **Lis les textes. Vrai (✔) ou faux (✗)?**

Exemple: 1 ✔

> Je mange beaucoup de fruits, mais j'adore les frites aussi! Je suis assez sportive et je vais à la gym deux fois par semaine avec mon copain, Benjamin. La semaine dernière, moi, j'ai fait du judo et lui, il a fait de la musculation. Malheureusement, je fume.
>
> Yasmina

> Je ne fume plus, mais je mange beaucoup de chocolat. C'est mauvais pour la santé. Je ne suis pas très sportif et je ne fais pas assez d'exercice, mais le week-end dernier, j'ai fait du sport avec ma copine, Emma. Elle, elle adore la natation, donc j'ai aussi fait de la natation.
>
> Thomas

1 Yasmina aime les fruits.
2 Elle ne mange jamais de frites.
3 Elle n'aime pas le sport.
4 Benjamin a fait de la musculation.

5 Thomas fume.
6 Il ne mange plus de chocolat.
7 Il fait beaucoup d'exercice.
8 Il a fait de la natation.

écrire

4 **Regarde les images et écris un paragraphe pour Vincent.**

Exemple: Je mange beaucoup de fruits, mais …

Vincent

Mots et maladies

1 **Regarde les images, écoute et complète les phrases.**

Colloquialisms often refer to parts of the body. In English, for example, we say 'You've put your foot in it' when somebody makes a mistake. Here are some French colloquialisms which use words for parts of the body.

1 *Je n'ai rien à me mettre sur le ___!*

2 *Ça coûte les ___ de la ___!*

3 *Ne fais pas la ___.*

4 *Quel ___, celui-là!*

2 **Trouve les mots français pour les expressions anglaises.**

1 Don't sulk.
2 I haven't got a thing to wear.
3 What an idiot!
4 It costs an arm and a leg.

3 **Copie et complète les dialogues avec des phrases de l'exercice 1.**

1 ■ Maman, je ne veux pas manger ça. Je veux manger des frites.
   ● Thomas, ___!
2 ■ C'est combien, les baskets?
   ● Deux cents euros! ___!
3 ■ Chloé! Regarde! Je suis Tarzan! Aaaaaah!
   ● ___
4 ■ Qu'est-ce que tu vas mettre pour la fête ce soir?
   ● Je ne sais pas. ___!

4 **À deux! Répète les dialogues de l'exercice 3.**

5 Lis la lettre et trouve les trois images qui ne sont pas mentionnées.

Exemple: e, ...

Salut Chloé!

Je suis désolé, mais je ne peux pas venir à ta fête d'anniversaire, parce que je suis malade depuis hier. Soudain, j'ai très chaud, la minute d'après, j'ai très froid. Je ne peux pas manger, parce que je n'ai pas faim, mais j'ai soif tout le temps et je bois beaucoup d'eau. Je suis très fatigué aussi, donc je dors beaucoup. Le médecin dit que j'ai de la fièvre et que j'ai peut-être la grippe. En tout cas, je ne peux pas sortir. Je dois rester au lit. C'est nul! Excuse-moi.

Lucas

la grippe = flu

6 Nathalie est malade. Écoute la conversation et note les sept images correctes de l'exercice 5.

Exemple: i, ...

7 Imagine que tu es malade et que tu ne peux pas aller au cinéma avec ta copine Lisa. Adapte la lettre de l'exercice 5. Utilise les images, si tu veux.
Imagine that you are ill and you can't go to the cinema with your friend Lisa. Adapt the letter from Exercise 5. Use the pictures if you wish.

Exemple:
Salut Lisa!
Je suis désolé(e), mais je ne peux pas aller ...
parce que je suis ... depuis ...
J'ai ...

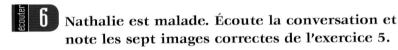

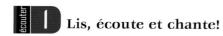

Il ne faut pas faire ça!

1 Lis, écoute et chante!

Il ne faut pas faire ceci!

Refrain
Il ne faut pas faire ceci,
Il ne faut pas faire cela,
C'est mauvais pour la santé,
C'est dangereux, tout ça, tu sais?

1
Bonjour, je m'appelle Pierre Dupont,
Je suis petit et j'ai huit ans.
Maman dit «Ne mange pas ça,
C'est très mauvais, le chocolat!
Mange tes légumes, tes brocolis,
Ou sinon, tu vas au lit!»

Refrain

2
Et maintenant j'ai quatorze ans,
Mais ce n'est pas toujours marrant.
Le prof de gym m'a dit hier
«Tu es paresseux, Pierre!
Arrête cette musique! C'est trop fort!
Laisse ta Gameboy, fais du sport!»

Refrain

3
Maintenant j'ai trente-cinq ans,
Et mon travail est stressant.
Le docteur dit «Ne fumez pas!
Relaxez-vous, faites du yoga.
Il ne faut pas boire de vin!
Buvez de l'eau et mangez sain!»

Refrain

il ne faut pas = you mustn't
ceci = this
cela = that
sain = healthy, healthily

2 Qui dit quoi à Pierre: maman, le prof de gym ou le médecin?

Exemple:

Maman: 2, ...
Prof de gym:
Médecin:

1 Do some yoga!
2 Eat your broccoli!
3 Leave your Gameboy!
4 Don't eat that!

5 Stop that music!
6 You mustn't drink wine!
7 Do some sport!
8 Relax!

3 Pierre a quel âge sur chaque image? 8 ans? 14 ans? Ou 35 ans?

Exemple: **a** 35 ans

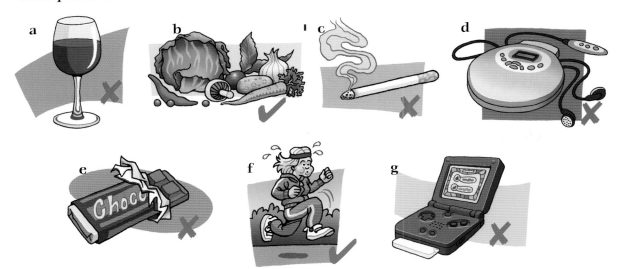

Expo-langue ▶ Grammaire 3.8

You use the **tu**-form imperative when you are talking to a child or someone you know well.

Exemples:
Mange tes brocolis! = Eat your broccoli!
Fais du sport! = Do some sport!

4 Trouve les phrases dans la chanson. Copie et complète la grille.

tu-form imperative	*vous*-form imperative	meaning
Mange tes brocolis!	Mangez tes brocolis!	*Eat your broccoli!*
	Arrêtez cette musique!	*Stop that music!*
	Laissez votre Gameboy!	*Leave your Gameboy!*
	Faites du sport!	*Do some sport!*

Les maladies — *Illnesses*

J'ai mal ... — *I've got ...*
  au dos. — *backache.*
  au ventre. — *stomachache.*
  au pied. — *a bad foot.*
  au bras. — *a bad arm.*
  à la tête. — *a headache.*
  à la gorge. — *a sore throat.*
  à la main. — *a bad hand.*
  à la jambe. — *a bad leg.*
  à l'oreille — *earache.*
  aux dents. — *toothache.*
J'ai mal au cœur. — *I feel sick.*

Les symptômes — *Symptoms*

J'ai ...
  chaud. — *I'm hot.*
  froid. — *I'm cold.*
  soif. — *I'm thirsty.*
  faim. — *I'm hungry.*
  de la fièvre. — *I've got a temperature.*
  la grippe. — *I've got flu.*

Je suis ...
  fatigué(e). — *I'm tired.*
  enrhumé(e). — *I've got a cold.*
  malade. — *I'm ill.*

La forme — *Fitness*

Je mange beaucoup de fruits/légumes. — *I eat a lot of fruit/ vegetables.*
Je ne fais pas assez d'exercice. — *I don't do enough exercise.*
Je bois beaucoup d'eau. — *I drink a lot of water.*
Je vais à la gym. — *I go to the gym.*
Je fume. — *I smoke.*

souvent — *often*
ne ... jamais — *never*
ne ... plus — *no more, no longer*
bon pour la santé — *good for your health*
mauvais pour la santé — *bad for your health*
malheureusement — *unfortunately*

Les conseils — *Advice*

Mangez moins gras! — *Eat less fatty food!*
Mangez moins de sucreries! — *Eat less sweet food!*
Buvez beaucoup d'eau! — *Drink a lot of water!*
Dormez huit heures par nuit! — *Sleep eight hours a night!*
Évitez le stress! — *Avoid stress!*
Faites de l'exercice! — *Do some exercise!*
Ne fumez pas! — *Don't smoke!*

Les activités

le canoë-kayak	*canoeing*
le canyoning	*canyoning*
le judo	*judo*
le kickboxing	*kickboxing*
le ski	*skiing*
la musculation	*weightlifting*
la natation	*swimming*
la salsa	*salsa dancing*
la voile	*sailing*
l'aérobic	*aerobics*
l'équitation	*horse-riding*
l'escalade	*rock-climbing*

Activities

Stratégie 3
False friends

These are known as *faux amis* in French. You learnt about them in *Expo 2*. They are French words spelt the same as English words that mean something completely different. More of them crop up in *Expo 3*. Look at the word lists on these pages. What do these French words mean in English?

gorge	Not something you fall down in French.
main	You should have two of these – of equal value.
dents	You wouldn't find these on a French car.
fume	Someone might fume if they caught you doing this!

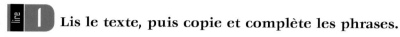
1 *Les champions sportifs*
French-speaking sportspeople
Using *son, sa, ses*

lire 1 **Lis le texte, puis copie et complète les phrases.**

Exemple: **1** Elle s'appelle Justine Henin-Hardenne, mais son surnom est …

Prénom:	Justine
Nom de famille:	Henin-Hardenne
Surnom:	Juju
Profession:	joueuse de tennis
Nationalité:	belge
Date de naissance:	1er juin 1982
Résidence:	Wépion, Belgique
Marié(e) ou célibataire:	mariée (à Pierre-Yves Hardenne)
Frères et sœurs:	2 frères (David et Thomas), 1 sœur (Sarah)
Passe-temps:	cinéma, musique

1 Elle s'appelle ――――――― Henin-Hardenne, mais son surnom est ―――――――.
2 Sa nationalité est ――――――― et sa profession est ――――――― de tennis.
3 Sa date de naissance est le premier juin ―――――――.
4 Elle habite à ――――――― en Belgique et elle est ――――――― à Pierre-Yves Hardenne.
5 Elle a deux ――――――― et une ―――――――.
6 Comme passe-temps, elle aime aller au ――――――― et écouter de la ―――――――.

écouter 2 **Écoute et vérifie.**

parler 3 **À deux. Ton/Ta partenaire ferme le livre. Tu commences trois phrases et ton/ta partenaire finit les phrases aussi vite que possible.**
In pairs. Your partner closes his/her book. You start three sentences and your partner finishes the sentences as quickly as possible.

Exemple:
■ Elle s'appelle …?
● Elle s'appelle Justine Henin-Hardenne.
■ Sa profession est …?

Expo-langue ▶ Grammaire 2.3

To say *his* or *her* in French, you use **son**, **sa**, **ses**.

Each of them can mean *his* or *her*. The one you use depends on whether the noun that comes after it is masculine, feminine or plural.

nom masculin	nom féminin	nom pluriel
son nom de famille (his/her surname)	**sa** nationalité (his/her nationality)	**ses** passe-temps (his/her hobbies)

4 On présente un joueur de rugby célèbre. Écoute les informations et mets les phrases dans le bon ordre.

Presenting a famous rugby player. Listen to the information and put the sentences in the correct order.

Exemple: d, …

a Il est français.
b Son surnom est «TC».
c Il a un frère, Vincent.
d Il s'appelle Thomas Castaignède.
e Il est marié et a deux enfants.
f Sa date de naissance est le 21 janvier 1975.
g Il est joueur de rugby.
h Il habite à Londres.
i Comme passe-temps, il aime les avions, le tennis et le foot.
j Il joue pour l'équipe Saracens.

 5 Fais un portrait de Thomas Castaignède. Copie la fiche de l'exercice 1.

Exemple:

Prénom: Thomas
Nom de famille: Castaignède
Surnom: ....

 6 Lis le texte et réponds aux questions en anglais.

Thomas Castaignède, champion de rugby

Thomas Castaignède est né le 21 janvier 1975 à Mont-de-Marsan, dans le sud-ouest de la France. Il a commencé sa carrière de joueur de rugby avec l'équipe de Toulouse, mais en 2000 il a quitté Toulouse pour Saracens, une des meilleures équipes anglaises. Un sportif talentueux et flexible, Castaignède peut jouer au centre, en arrière ou comme ouvreur. En 1996, il a joué pour la France au tournoi des Cinq Nations, où la France a battu l'Angleterre, grâce au drop-goal de Castaignède. Sympa, enthousiaste, travailleur et célèbre aussi pour ses cheveux souvent teints en blond, Thomas Castaignède est un des sportifs les plus populaires de France.

 The text contains some new words and complex sentences. Use reading strategies to help you:

● Look for cognates or near-cognates (e.g. *carrière, talentueux*) and only use a dictionary as a last resort.
● Use context and logic to work things out (e.g. *Il est né le 21 janvier 1975, à Mont-de-Marsan.*)

Exemple: **1** Mont-de-Marsan

1 Where was Thomas Castaignède born?
2 Which famous French rugby team did he play for?
3 How many different rugby positions can he play in?
4 How did he help France to beat England in the 1996 Five Nations Tournament?
5 What aspect of his appearance is he famous for?
6 How is his personality described? (Give at least three adjectives.)

1 Relie les adjectifs français et anglais.

Exemple: a 8

- **a** sympa
- **b** paresseux/paresseuse
- **c** marrant(e)
- **d** têtu(e)
- **e** timide
- **f** égoïste
- **g** bavard(e)
- **h** sérieux/sérieuse
- **i** intelligent(e)
- **j** stupide

1 shy
2 stupid
3 lazy
4 intelligent
5 stubborn
6 funny
7 selfish
8 nice
9 serious
10 talkative

2 Positif, négatif ou positif *et* négatif? Copie les adjectifs de l'exercice 1 dans les cases.

Exemple:

Positif	Négatif	Positif et négatif
sympa		

Expo-langue ▶ Grammaire 2.2

Many adjectives change their ending and their sound from the masculine to the feminine.

masculin	féminin
marrant	marrante
paresseux	paresseuse

But some adjectives do not change.
Exemples: timide, sympa

3 Leurs copains et copines sont comment? Écoute et relie les prénoms aux adjectifs de l'exercice 1.

Exemple: 1 c, …

1 Ryan   **2** Anna   **3** Léane   **4** Karim   **5** Margaux

4 À deux. Pose des questions à tour de rôle sur les copains et copines de l'exercice 3.

Exemple:
- ■ Ryan est comment?
- ● Il est marrant et intelligent, mais un peu bavard.

très = very
assez = quite
un peu = a little bit

parler 5 À deux. Tes copains ou copines sont comment?
Fais une présentation sur trois ou quatre de tes copains/copines.

Exemple:
Mes copines s'appellent Laura et Chloé. Laura est marrante et ... , mais un peu ... .
Chloé est très intelligente, mais ... . Ma meilleure copine s'appelle ... . Elle est ... .

Mon (meilleur) copain Ma (meilleure) copine	s'appelle ...	*My (best) friend is called ...*
Mes copains/copines	s'appellent ...	*My friends are called ...*
Il/Elle/[prénom]	est ...	*He/She/[name] is ...*

lire 6 Lis le texte et prends des notes en anglais.

Exemple: Julie: small, sporty, ...

Tu as un petit copain / une petite copine?
Il/Elle est comment?

Ma petite copine s'appelle Julie. Elle est petite, sportive et très mignonne. Elle a les cheveux longs et noirs et les yeux verts. Elle est sympa, mais quelquefois elle est aussi un peu têtue. Par exemple, elle refuse de regarder ma série préférée à la télé. Elle préfère regarder les émissions musicales.

Thibaud

Mon petit copain, Adrien, est super! Il n'est pas très grand, mais il est sympa et généreux. Par exemple, à Noël, il achète des cadeaux pour mes parents, ma sœur et ma grand-mère – et pour moi, bien sûr! Au collège, il est un peu paresseux, mais il adore faire du sport. C'est un joueur de rugby talentueux et il fait aussi de la natation.

Lisa

mignon(ne) = cute

écrire 7 Imagine que ton petit copain / ta petite copine est une star.
Écris une description.

Exemple: Mon petit copain s'appelle Robbie Williams. Il est mignon. Il a les cheveux ... et les yeux ... Il est très marrant, mais quelquefois un peu ....

| Il/Elle a les cheveux | (très/assez) | longs
(mi-longs)
courts
frisés
blonds
noirs
bruns
roux | et les yeux | bleus.
gris.
verts.
marron. |

1 Qui parle? Écoute et lis. (1–6)

Exemple: **1** e

a

Nom:	Lenoir
Prénom:	Nana
Âge:	65
Métier:	artiste
Caractéristiques:	
habite au château	

b

Nom:	Lemauve
Prénom:	Maurice
Âge:	59
Métier:	avocat
Caractéristiques:	
très riche	

c

Nom:	Levert
Prénom:	Véronique
Âge:	21
Métier:	actrice, danseuse
Caractéristiques:	
très mignonne	

d

Nom:	Lerouge
Prénom:	Rachel
Âge:	42
Métier:	vendeuse
Caractéristiques:	
timide, divorcée	

f

Nom:	Lejaune
Prénom:	Jean
Âge:	66
Métier:	domestique
Caractéristiques:	
sérieux, fidèle	

e

Nom:	Lebrun
Prénom:	Bruno
Âge:	30
Métier:	jockey
Caractéristiques:	
aime jouer à la roulette	

avocat (m) = lawyer
domestique (m/f) = servant

> **Expo-langue** ▶ **Grammaire 1.4**
>
> When you want to say what job someone does,
> you do not need a word for *a* in French:
> Je suis vendeuse.   Il est avocat.

2 Copie et complète les phrases.

Exemple: **1** Il s'appelle Maurice. Son nom de famille, c'est Lemauve et il est très …

1 Il s'appelle Maurice. Son nom de famille, c'est ▬▬▬▬ et il est très ▬▬▬▬.
2 Elle s'appelle Rachel Lerouge. Elle a ▬▬▬▬ ans et sa profession, c'est
  ▬▬▬▬.
3 Il s'appelle ▬▬▬▬. Il est domestique. Il est fidèle, mais un peu ▬▬▬▬.
4 Son nom de famille, c'est Lenoir, et son prénom, c'est ▬▬▬▬. Elle habite au
  ▬▬▬▬.
5 Son nom est Bruno Lebrun. Il est ▬▬▬▬, mais comme passe-temps, il adore
  jouer à la ▬▬▬▬.
6 Elle s'appelle Véronique Levert. Elle a les cheveux blonds et elle est très
  ▬▬▬▬. Comme profession, elle est ▬▬▬▬ et danseuse.

3 À deux – jeu de mémoire! Ton/Ta partenaire ferme le livre et tu poses des questions.

Exemple: ■ Qui est jockey?
● Bruno Lebrun.
■ Qui habite au château?

4 Qui aime (✔) ou n'aime pas (✗) qui? Copie et complète la grille.

		Maurice	Nana	Bruno	Rachel	Jean	Véronique
1	Nana	✔			✗		
2	Bruno						
3	Rachel						
4	Maurice						

5 Écoute encore une fois et note la lettre des adjectifs. Puis écris les phrases.
Listen again and write down the letter of the adjectives. Then write the sentences.

a ennuyeux **b** timide **c** marrante **d** bavarde
e jalouse **f** jaloux **g** sympa **h** généreux
i généreuse **j** riche **k** égoïste **l** intelligent
m mignonne **n** sérieux **o** paresseux **p** intelligente

Exemple: l, h, … Nana pense que Maurice est **intelligent** et **généreux** …

1 Nana pense que Maurice est _____ et _____, mais elle pense que Rachel est _____ et un peu _____.
2 Bruno pense que Jean est trop _____ et assez _____, mais il pense que Véronique est _____ et _____.
3 Rachel pense que Bruno est _____ et _____, mais elle pense que Nana est _____ et _____.
4 Maurice pense que Rachel est _____ et _____, mais il pense que Véronique est _____ et _____.

 6 À deux. Quelle est ton opinion? Es-tu d'accord avec ton/ta partenaire ou pas?

Exemple:
■ Je pense que Bruno est marrant et sympa.
● Mais non! Il est stupide et paresseux! Je pense que Rachel est …

Mini-test

I can …
■ understand information about sportspeople
■ use *son/sa/ses*
■ describe other people
■ use correct adjective endings
■ give my opinion of someone
■ say what jobs people do

lire 1 Relie les phrases et les images.

> Hier soir, au château, Nana Lenoir a fait une soirée. Mais à huit heures – un crime horrible! On a volé les diamants de Madame Lenoir! Mais qui a fait quoi hier soir?

voler = to steal

Exemple: **1** d

1 Je suis restée dans ma chambre. J'ai regardé mes diamants.
2 J'ai bu un whisky dans le salon avec Véronique.
3 J'ai regardé par la fenêtre. J'ai vu Maurice et Rachel dans le jardin.
4 J'ai parlé avec Maurice dans le jardin.
5 Je suis allé dans le jardin avec Rachel.
6 J'ai préparé le dîner dans la cuisine.

a  **b**  **c**

d  **e**  **f**

parler 2 À deux. Pour chaque phrase de l'exercice 1, devine qui parle.
In pairs. For each sentence in Exercise 1, guess who's speaking.

Exemple:
■ Je pense que le numéro 1, c'est Rachel Lerouge.
● Je pense que c'est Nana Lenoir. Je pense que le numéro 2, c'est …

Expo-langue ▶ Grammaire 3.12

In the perfect tense, most verbs take **avoir** (e.g. **j'ai**), but some take **être** (e.g. **je suis**).

regardé parlé   allé(e)

vu   **J'ai**   **Je suis**

bu   préparé   resté(e)

écouter 3 Écoute et vérifie.

écrire 4 Écris une phrase pour chaque personne.

Exemple: **1** Nana: Je suis restée dans ma chambre et j'ai regardé mes diamants.

1 Nana   **2** Jean   **3** Véronique   **4** Bruno   **5** Rachel   **6** Maurice

écouter 5 Écoute et répète.

Salut, Bruno! As-tu vu Julie et as-tu bu du jus de fruit?

> To pronounce **u** in French, say *oo*, but pull your top lip down!

parler 6 En groupes. Prépare une conversation entre l'inspecteur et les personnages du château, mais change les détails.
Work in groups. Prepare a conversation between the inspector and the characters at the castle, but change the details.

Exemple:
- ■ Maurice, qu'est-ce que vous avez fait hier soir?
- ● Je suis allé dans la cuisine avec Rachel.
- ■ Et vous, Bruno?
- ● J'ai bu un verre de vin rouge dans le salon avec Véronique.

écrire 7 Lis les notes de l'inspecteur. Copie et corrige les six erreurs.

Exemple: **1** Nana Lenoir est restée dans sa chambre, où elle a regardé ses diamants.

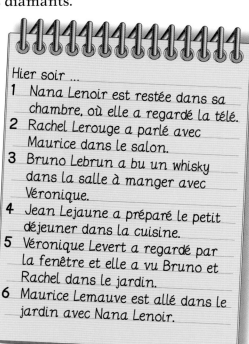

Hier soir ...
1 Nana Lenoir est restée dans sa chambre, où elle a regardé la télé.
2 Rachel Lerouge a parlé avec Maurice dans le salon.
3 Bruno Lebrun a bu un whisky dans la salle à manger avec Véronique.
4 Jean Lejaune a préparé le petit déjeuner dans la cuisine.
5 Véronique Levert a regardé par la fenêtre et elle a vu Bruno et Rachel dans le jardin.
6 Maurice Lemauve est allé dans le jardin avec Nana Lenoir.

écouter 1

Qu'est-ce que chaque personne a fait au château? Écoute, lis et trouve les bonnes images.

Exemple: Nana e

a

b

c

d

e

f

À huit heures, j'ai pris une douche. Soudain, plus d'électricité! Et quand j'ai regardé dans ma chambre, plus de diamants!
Nana Lenoir

À huit heures, je suis allé dans ma chambre. J'ai vu un homme à la porte de la chambre de Madame Lenoir.
Maurice Lemauve

Moi, j'ai regardé une série à la télé dans ma chambre.
Véronique Levert

J'ai fait une promenade dans le jardin.
Bruno Lebrun

Moi, j'ai lu un livre dans le jardin. J'ai aussi vu Bruno Lebrun dans le jardin.
Rachel Lerouge

Et moi, j'ai apporté un gin-tonic à Madame Lenoir, dans sa chambre. Elle a crié: «Mes diamants! On a volé mes diamants! Appelez la police!»
Jean Lejaune

apporter = to bring
crier = to shout

lire 2

Réponds aux questions.

Exemple: 1 Jean

Qui ...

1 ... a apporté un gin-tonic à Nana Lenoir?
2 ... a vu Bruno dans le jardin?
3 ... a regardé la télé dans sa chambre?
4 ... a pris une douche?
5 ... est allé dans sa chambre à huit heures?
6 ... a fait une promenade?

Expo-langue ▶ Grammaire 3.12

When you are talking about someone else in the perfect tense, you use **il/elle a** or **il/elle est** followed by the past participle.

Exemples:

Elle a pris une douche. = She took a shower.
Il est allé dans sa chambre. = He went to his bedroom.

écrire 3 Qu'est-ce qu'ils ont fait? Copie et complète les notes de l'inspecteur.

Exemple: **1** Nana: Elle a pris une douche.

1 Nana: Elle a pris ... Elle a crié ...
2 Maurice: Il est allé ... Il a vu ...
3 Rachel: Elle a ... Elle a vu ...
4 Jean: Il a ...
5 Véronique: Elle a ...
6 Bruno: Il a ...

parler 4 À deux. Imagine que tu es l'inspecteur. Pose des questions à ton/ta partenaire.

Exemple:
■ Qu'est-ce que Jean a fait?
● Il a apporté un gin-tonic à Nana Lenoir dans sa chambre.
■ Qu'est-ce que Rachel a fait?

lire 5 Lis le texte et écris des notes en anglais.

Exemple: Rachel loves Maurice.
Jealous of Nana.

l'argent de l'assurance = insurance money
dettes = debts
malhonnête = dishonest
propre(s) = own

Rachel a volé mes diamants! Elle adore Maurice et elle est jalouse!

Maurice a pris les diamants! Il est malhonnête!

Jean a volé les diamants! Il déteste Nana Lenoir, parce qu'elle est riche!

Véronique a volé les diamants! Elle est actrice, mais elle veut être riche!

Nana n'a plus d'argent! Elle a pris ses propres diamants pour avoir l'argent de l'assurance!

Bruno a pris les diamants, pour payer ses dettes à la roulette!

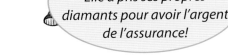

écouter 6 Qui est coupable? Écoute l'inspecteur et note coupable (✔) ou pas coupable (✘).
Who is guilty? Listen to the inspector and write down guilty (✔) or not guilty (✘).

Exemple: **1** Nana Lenoir ✘

1 Nana Lenoir
2 Rachel Lerouge
3 Maurice Lemauve

4 Jean Lejaune
5 Bruno Lebrun
6 Véronique Levert

Module 4 *Bilan*

Unité 1

I can

- understand information about sportspeople

  Sa nationalité est belge et sa profession est joueuse de tennis.

G use *son/sa/ses*

  son nom de famille, sa nationalité, ses passe-temps

Unité 2

I can

- describe other people

  Mon meilleur copain est très intelligent, mais un peu timide.

G use correct adjective endings

  Il est bavard.
  Elle est bavarde.
  Il est jaloux.
  Elle est jalouse.

Unité 3

I can

- give my opinion of someone

  Je pense que Véronique Levert est bavarde et égoïste.

- say what jobs people do

  Il est avocat.
  Elle est vendeuse.

Unité 4

I can

- understand a story in the perfect tense

  Hier soir, au château, on a volé les diamants de Nana Lenoir.

G use the perfect tense of *avoir* and *être* verbs

  Je suis allé dans le jardin. J'ai parlé avec Maurice. J'ai vu Rachel.

- pronounce the sound *u*

  J'ai vu Bruno.
  J'ai bu du jus de fruit.

Unité 5

I can

- report what people did

  Nana a pris une douche.
  Rachel est restée dans sa chambre.

G use the perfect tense to talk about other people

  Il est allé dans sa chambre.
  Elle a regardé la télé.

1 Écoute. Les copains sont comment? Copie et coche la grille (il y a trois adjectifs par personne).
Listen. What are their friends like? Copy and tick the grid (there are three adjectives for each person).

Exemple:

	talkative	lazy	generous	stupid	stubborn	cute	intelligent	funny	selfish
1			✔						
2									
3									

2 À deux. Choisis trois personnes et fais un dialogue.

Exemple:
- ■ Je pense que Bart Simpson est très marrant et … , mais un peu …
- ● Oui, mais il est assez égoïste aussi et …

Victoria Beckham   Sarah Michelle Gellar

Bart Simpson   Shrek   Brad Pitt   Thierry Henry

3 Lis l'histoire de Jean Lejaune et mets les images dans le bon ordre.
Read Jean Lejaune's story and put the pictures in the right order.

À cinq heures, j'ai pris une douche et après, j'ai préparé le dîner dans la cuisine. Bruno Lebrun a fait une promenade dans le jardin, mais Nana Lenoir est restée dans le salon. Elle a bu un gin-tonic. Maurice Lemauve a parlé avec Rachel Lerouge dans le jardin. Après le dîner, je suis allé dans ma chambre, où j'ai regardé les informations à la télé et j'ai lu un livre.

a   b   c   d   e   f   g   h

4 Lis le portrait et écris un paragraphe sur Véronique.

Exemple: Elle s'appelle Véronique Levert, mais son surnom est Viqui. Sa profession est …

Prénom:	Véronique
Nom de famille:	Levert
Surnom:	Viqui
Profession:	actrice, danseuse
Nationalité:	française
Date de naissance:	19 mars 1984
Résidence:	Paris
Frères et sœurs:	1 frère (Vincent)
Passe-temps:	tennis, musique

Tout sur «Juju»

1 **Que sais-tu sur Justine Henin-Hardenne?**
Devine et note tes réponses au quiz.
What do you know about Justine Henin-Hardenne?
Guess and write down your answers to the quiz.

1 Justine Henin-Hardenne est __ mondial au tennis.
a le numéro un
b le numéro deux
c le numéro trois

2 Qui est sa joueuse de tennis préférée?
a Venus Williams
b Steffi Graf
c Monica Seles

3 Quelle est sa ville préférée?
a Paris
b Montréal
c New York

4 À quel âge, Justine a-t-elle commencé à jouer au tennis?
a cinq ans
b huit ans
c dix ans

5 Enfant, quel autre sport a-t-elle pratiqué?
a le volley
b le basket
c le foot

6 Qui est un(e) de ses chanteurs / chanteuses préféré(e)s?
a Robbie Williams
b Céline Dion
c Kylie Minogue

2 **Écoute et vérifie. Tu as combien de points?**
(Un point pour chaque réponse correcte.)

3 **Copie et complète le texte de Justine.**

Exemple: Mon nom de famille est Henin-Hardenne et ...

Mon nom de _____ est Henin-Hardenne et mon prénom est _____. J'ai un _____ aussi: c'est Juju. Ma date de _____ est le premier juin 1982. Je suis belge et _____ à Wépion, en Belgique, mais ma ville préférée est Montréal, au _____. J'ai une _____, qui s'appelle Sarah et _____ frères, qui s'appellent David et Thomas. Comme passe-temps, j'aime _____ au cinéma et écouter de la _____. J'ai commencé à jouer au tennis à _____ ans, mais j'ai joué au _____ aussi. Je suis maintenant le _____ un mondial.

4 À deux. Fais une interview avec Justine. Utilise les informations sur cette page et de la page 60. Choisis entre ces questions.

Exemple:

■ Quelle est ta date de naissance?

● Ma date de naissance est le premier juin 1982.

> As-tu des frères et sœurs?

> Quelle est ta date de naissance?

> Quelle est ta nationalité?

> Où habites-tu?

> Quelle est ta ville préférée?

> À quel âge as-tu commencé à jouer au tennis?

> Quels autres sports as-tu pratiqués?

> Quels sont tes passe-temps?

5 Lis les phrases et réponds aux questions en anglais.

1 In what way is Justine superstitious?
2 What is one thing she hates?
3 Is she right- or left-handed?
4 How long has she been with her tennis coach?
5 At what age did she choose tennis over football?
6 When did she give up her studies to become a professional tennis player?
7 What is one strong point about her personality?
8 Why did she and her mother go to Paris in 1992?

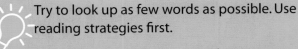

Try to look up as few words as possible. Use reading strategies first.

Look for clues in the text: words or parts of words that you recognise, or can guess (e.g. *superstition*, **droit**ière, *études*).

Use logic and context to work out sentences in which you don't understand every word (e.g. … *déteste les gens qui n'arrivent pas à l'heure.*)

> Justine déteste les gens qui n'arrivent pas à l'heure.

> Justine a beaucoup de détermination.

> Justine est droitière.

> En 1992, Justine est allée à Paris avec sa mère pour voir la finale entre Steffi Graf et Monica Seles.

> À douze ans, Justine opte pour le tennis et arrête le foot.

> Une petite superstition de Justine: elle ne marche pas sur les lignes du court de tennis entre les points.

> Justine a arrêté ses études pour devenir joueuse professionnelle en 1999.

> Le coach de Justine depuis qu'elle a quatorze ans s'appelle Carlos Rodríguez.

Crime au mariage!

 1 Écoute et lis le texte.

Six mois après le crime au château ...
C'était le jour du mariage de Nana et de Maurice ...

Après la cérémonie de mariage, Nana a fait une soirée au château. Elle a invité Rachel Lerouge, Bruno Lebrun et beaucoup d'autres personnes. Jean Lejaune, son domestique fidèle, a préparé un dîner fantastique avec l'assistance de la nouvelle domestique, Lola Larose. Et bien sûr, Nana Lenoir a porté ses fabuleux diamants!

À onze heures du soir, tout le monde est allé dans le salon. Ils ont bu du champagne et ont mangé du gâteau. Mais après trente minutes, Nana a dit à Maurice: «Oh, chéri, excuse-moi. Je suis très fatiguée», et elle est allée au lit.

La soirée a fini à minuit. Maurice a dit au revoir aux invités et il est allé dans sa chambre. Mais quand il est arrivé à la porte de la chambre, Nana a crié: «Oh non! Ce n'est pas possible! On a encore volé mes diamants!»

Maurice a tout de suite téléphoné à la police. Quand l'inspecteur est arrivé, il a posé beaucoup de questions. Il a interviewé Nana, Maurice, Rachel, Bruno, Jean et Lola. Mais qui a volé les diamants cette fois?

2 Réponds aux questions.

une soirée = a party

Exemple: **1** Maurice Lemauve

Qui ...

1 ... s'est marié avec Nana Lenoir?
2 ... a fait une soirée au château?
3 ... a préparé un dîner fantastique?
4 ... a assisté Jean Lejaune?

5 ... a porté ses diamants?
6 ... a dit «Je suis très fatiguée»?
7 ... a téléphoné à la police?
8 ... a posé beaucoup de questions?

écouter 3 Qui a fait quoi? Écoute l'inspecteur et note les bonnes lettres.

Exemple: Jean Lejaune d, …

a b c d

e f g h

i j k l

parler 4 En groupes. Une personne est l'inspecteur. Les autres sont les invités. L'inspecteur interviewe les autres.

Exemple:
- ■ Lola Larose, qu'est-ce que vous avez fait à la soirée au château?
- ● J'ai apporté le gâteau, puis je suis allée dans la salle à manger.
- ■ Et Bruno Lebrun, …?

écrire 5 Écris des notes pour l'inspecteur.

Exemple: Nana Lenoir a mangé du gâteau, puis elle est allée au lit.
Maurice Lemauve …

écouter 6 Qui est coupable? Écoute la solution!

drogué(e) = drugged
échappé(e) = escaped
déguisé(e) = disguised

Les détails personnels *Personal details*

le prénom	*first name*
le nom de famille	*surname*
le surnom	*nickname*
la profession	*profession*
la nationalité	*nationality*
la date de naissance	*date of birth*
la résidence	*place of residence*
les passe-temps	*pastimes, hobbies*
marié(e)	*married*
célibataire	*single*
divorcé(e)	*divorced*

Les adjectifs *Adjectives*

bavard(e)	*talkative*
égoïste	*selfish*
ennuyeux/ennuyeuse	*boring*
généreux/généreuse	*generous*
intelligent(e)	*intelligent*
jaloux/jalouse	*jealous*
fidèle	*loyal, faithful*
marrant(e)	*funny*
mignon/mignonne	*cute*
paresseux/paresseuse	*lazy*
riche	*rich*
sérieux/sérieuse	*serious*
stupide	*stupid*
sympa	*nice*
têtu(e)	*stubborn*
timide	*shy*
assez	*quite*
très	*very*
un peu	*a bit*

Les copains/copines *Friends*

mon meilleur copain	*my best friend (male)*
ma meilleure copine	*my best friend (female)*
mon petit copain	*my boyfriend*
ma petite copine	*my girlfriend*

Les métiers *Jobs*

l'acteur (m)	*actor*
l'actrice (f)	*actress*
l'artiste (m/f)	*artist*
l'avocat (m)	*lawyer*
le danseur	*(male) dancer*
la danseuse	*(female) dancer*
le/la domestique (m/f)	*servant*
le jockey	*jockey*
le joueur de tennis/ rugby	*(male) tennis/ rugby player*
la joueuse de tennis/ rugby	*(female) tennis/ rugby player*
le vendeur	*salesman*
la vendeuse	*saleswoman*

Les verbes au passé composé

Perfect tense verbs

J'ai / Il a / Elle a — *I/He/She*
- apporté — *brought*
- bu — *drank*
- crié — *shouted*
- fait une promenade — *went for a walk*
- lu — *read*
- parlé — *talked, spoke*
- préparé — *prepared*
- pris — *took*
- regardé — *watched, looked*
- volé — *stole*
- vu — *saw*

Je suis / Il est / Elle est — *I/He/She*
- allé(e) — *went*
- resté(e) — *stayed*

Stratégie 4
Mnemonics

Can anyone help you learn the 13 'unlucky' verbs that use *être* to form the perfect tense?

Ms Van der Tramp can. She's not actually a person, she's a mnemonic, a phrase consisting of the first letters of each of the verbs in question. In *Expo 1* and *Expo 2,* you learnt how you can use mnemonics to help remember new words.

Look at the 13 verbs on pages 139–140 and link them to all the letters in *Ms Van der Tramp.* Or even better, make up your own mnemonic.

1 On va en Normandie
Learning about a region of France
More on using imperatives

 1 Écoute et lis.

Venez en Normandie!

■ Visitez les cathédrales de Rouen et Caen.

■ Admirez la Tapisserie de Bayeux et les jardins de Monet à Giverny.

■ Découvrez l'histoire du Débarquement des Alliés pendant la Seconde Guerre Mondiale.

■ Goûtez la cuisine normande, par exemple le fromage et les fruits de mer.

■ Faites de la voile, de la planche à voile, du jet-ski ou de la plongée.

■ Et ne manquez pas le Mont Saint-Michel sur sa petite île!

2 Réponds aux questions en anglais.

1 What can you visit in Rouen and Caen?
2 What is there to see in Giverny?
3 Which important event in World War 2 is mentioned?
4 Which specialities of Norman cookery could you taste?
5 Name two sports you might go to Normandy to practise.
6 Which sight in Normandy is situated on a little island?

Expo-langue ▶ Grammaire 3.8

Vous-form imperatives
You use the imperative to tell someone what to do.
Use the **vous**-form of the verb and drop the word **vous**.

Venez en Normandie!
= Come to Normandy!
Ne manquez pas le Mont Saint-Michel!
= Don't miss Mont Saint-Michel!

3 Que doivent-ils faire? Lis et relie.
What should they do? Read and match.

Exemple: 1 d

> Moi, je suis très sportive.
> **1**

> J'adore manger dans des restaurants.
> **2**

> J'aime les tableaux de l'artiste Claude Monet.
> **3**

> La Seconde Guerre Mondiale, c'est très intéressant.
> **4**

> J'adore visiter des châteaux et des cathédrales.
> **5**

a Découvrez l'histoire du Débarquement des Alliés!

b Admirez les jardins de Monet à Giverny!

c Goûtez la cuisine normande!

d Faites de la planche à voile ou du jet-ski!

e Visitez la cathédrale de Rouen!

4 Écoute et répète.

Goûtez le pâté et le poulet grillé!
Venez au musée d'Orsay et admirez les Monet!

> The **-ez** sound at the end of verbs in the imperative is pronounced the same as **-é** and **-et**. To pronounce it correctly, say the English letter *a*, but smile as widely as you can when you say it!

5 Prépare une publicité à la radio française sur ta région (ou une région imaginaire).
Prepare an advert for French radio about your area (or an imaginary area).

Exemple:
Venez dans le (North Yorkshire)!
Visitez (la cathédrale de York / le château Howard).
Admirez … !   Découvrez … !   Goûtez … !   Faites … !   Ne manquez pas … !

6 Fais un poster sur ta région (ou une région imaginaire).

Exemple:

> Venez dans le South Devon!
> Goûtez les «cream tea»!
> Faites du surf, …

7 Regarde la carte de la Normandie et écris une phrase pour chaque numéro.

Exemple: 1 Ne manquez pas le Mont Saint-Michel.

1 Écoute et lis le dialogue. Mets les images dans le bon ordre.

Exemple: b, …

Élisa:	On y va comment, en Angleterre?
Hakim:	On y va en avion?
Élisa:	Mais l'avion, c'est trop cher!
Hakim:	D'accord, on y va en voiture et en ferry, alors.
Élisa:	Ah, non! Je suis malade sur le ferry!
Hakim:	Alors, on y va en train?
Élisa:	On passe par le Tunnel sous la Manche?
Hakim:	Ah, oui! Le Tunnel, c'est super!
Élisa:	D'accord. On y va en train. Le train, c'est rapide.
Hakim:	On arrive à Londres à quelle heure?
Élisa:	On y arrive à midi.
Hakim:	Chouette! D'abord, on va à la Tour de Londres?
Élisa:	Non, on va faire les magasins à Oxford Street!

a

b

c

d

e

f

g

2 Qui dit quoi? Élisa (E) ou Hakim (H)?

Exemple: **1** E

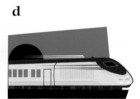

1 How are we getting to England?

2 Are we going by train?

3 We'll go by car and by ferry.

4 Do we go through the Channel Tunnel?

5 What time do we arrive in London?

6 Are we going by plane?

7 We get there at midday.

8 Are we going to the Tower of London?

Expo-langue ▶ Grammaire 4.6

The pronoun **y** means *there*. It goes in front of the verb.
On **y** arrive à midi.   We get there/arrive at midday.

You must always use **y** in French, even though we sometimes miss out the word *there* in English.
On **y** va en avion. = We're going (there) by plane.

3 Trouve et copie (en français et en anglais) les six phrases de l'exercice 1 avec *y*.
Find and copy (in French and in English) the six sentences from Exercise 1 which have y in them.

Exemple: **1** On y va comment, en Angleterre?
   How are we getting to England?

4 Écoute et répète.

«On y va, à Paris?» «Oui, on y va en ferry. On y va à midi.»

To pronounce the French letters **i/y**, say *ee* as in English *meet*, but smile as you say it!

 5 À deux. Fais un dialogue. Choisis A ou B.

Exemple:
- ■ On y va comment, à Paris?
- ● On y va en avion?

- ■ On y va comment, à Paris?
- ● On y va en [**1**]?
- ■ Ah, non! C'est trop cher.
- ● Eh bien, on y va en [**2**]?
- ■ D'accord. On arrive à Paris à quelle heure?
- ● On y arrive à [**3**].
- ■ Chouette! On va faire les magasins?
- ● Non, on va à la / au [**4**]!

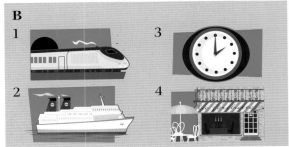

 6 Imagine que tu vas à Paris ou à New York avec un copain/une copine. Adapte le texte et change les mots soulignés.

Exemple:
Salut!
Lundi, on va à Paris. On y va en …

Salut!

Samedi, on va à Londres. On y va en train. C'est rapide, on y arrive à trois heures et demie. D'abord, on va à la Tour de Londres. On y achète un tee-shirt pour mon frère. Ensuite, on va à Big Ben. On y prend des photos.

On va … à la Tour Eiffel

à la cathédrale de Notre-Dame

faire les magasins

On va … à la Statue de la Liberté

à Times Square

au fast-food

1 Choisis la bonne phrase pour chaque image.

Exemple: 1 e

> Je voudrais une chambre …
>
> **a** avec douche.
> **b** avec télé-satellite.
> **c** à deux lits.
> **d** avec balcon.
> **e** pour une personne.
> **f** avec vue sur la mer.
> **g** avec un grand lit.
> **h** pour deux nuits.

1
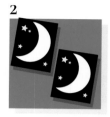

2
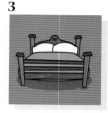

3
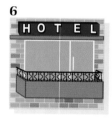

4

5

6
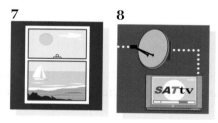

7

8

2 Écoute et vérifie.

3 À deux. Tu commences une phrase et ton/ta partenaire finit la phrase.
In pairs. You start a sentence and your partner finishes it.

Exemple:

■ Je voudrais une chambre avec …
● … balcon. Je voudrais une chambre pour …

Expo-langue ▶ Grammaire 3.10

You use **Je voudrais** to say what you would like. If you use **Je voudrais** with another verb, the second verb must be in the infinitive.

Exemples:
Je voudrais une chambre avec douche.
= I'd like a room with a shower.

Je voudrais **faire de la natation**.
= I'd like **to go swimming**.

4 Quelle sorte de chambre réservent-ils?
Écoute, copie et complète la grille.
What sort of room do they reserve?
Listen, copy and complete the grid.

Exemple:

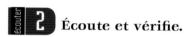
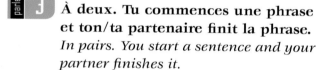

	personnes	nuits	grand lit	2 lits	douche	balcon	vue mer	télé-satellite
1	1	1					✔	
2								
3								

parler 5 **À deux. Choisis entre les images et fais un dialogue.**
In pairs. Choose from the pictures and make up a dialogue.

■ Bonjour. Je voudrais réserver une chambre.

● C'est pour combien de personnes?

■ C'est pour

● C'est pour combien de nuits?

■

● Vous voulez un grand lit ou deux lits, madame/monsieur?

■

● C'est tout, madame/monsieur?

■

● Pas de problème, madame/monsieur.

lire 6 **Lis l'e-mail et fais une liste en français des choses que veut Lola. Puis traduis la liste en anglais.**
Read the e-mail and make a list in French of the things Lola wants. Then translate the list into English.

Exemple: grand lit (*double bed*), ...

Boîte de réception	Messages envoyés	Brouillons

Jean-Pierre,
Peux-tu me trouver un hôtel à Marseille, s'il te plaît? Je voudrais une chambre avec un grand lit, bien sûr, et un balcon avec vue sur la mer. Et une grande armoire pour tous mes vêtements. Je voudrais regarder l'émission sur mon concert à Londres, donc je voudrais une chambre avec télé-satellite.
   Je voudrais aussi faire de la natation, mais pas dans la mer, parce qu'il fait trop froid. Donc je voudrais un hôtel avec piscine chauffée. Je voudrais me bronzer aussi, alors trouve un hôtel avec plage privée!
Merci!
Lola

écrire 7 **Imagine que tu es très riche. Tu voudrais quelle sorte d'hôtel et de chambre? Écris un paragraphe.**

Exemple:
Je voudrais un hôtel avec courts de tennis et ...
Je voudrais une chambre avec ...

sauna

courts de tennis

salon de beauté

vue sur la montagne

Mini-test

I can ...
■ talk about things to see and do in Normandy
■ use imperatives
■ discuss travel arrangements
■ use the pronoun *y*
■ arrange hotel accommodation
■ use *je voudrais*

lire 1 Relie les photos et les textes.

Exemple: 1 a

Que faire en Normandie?

1

Giverny.
Maison et jardins
de Claude Monet

- Les jardins, l'inspiration des tableaux de Monet

2

Parc de loisirs «Le Lac de Pont l'Évêque»

- Voile, équitation, terrain de volley-ball, paint ball, banane tractée

ROUEN, VILLE HISTORIQUE, CAPITALE DE LA HAUTE-NORMANDIE
3

- Cathédrale, musées, magasins, restaurants

Arromanches 360°
4

- Film en salle circulaire du Débarquement de 1944

écouter 2 Écoute et lis les phrases. Pour chaque phrase (a–h), choisis le texte de l'exercice 1 qui correspond.

Exemple: a 2

a J'ai fait de l'équitation.

b J'ai visité la cathédrale.

c J'ai regardé un film.

d Je suis allé(e) à Rouen.

e J'ai pris des photos des jardins.

f J'ai mangé dans un bon restaurant.

g J'ai vu la maison de Monet.

h J'ai joué au volley.

Expo-langue ▶ Grammaire 3.12

In the perfect tense, some verbs use part of the verb **avoir** (e.g. **j'ai**) with a past participle. But a few verbs use part of **être** (e.g. **je suis**) with a past participle.

visité la cathédrale

mangé dans un restaurant

fait les magasins

J'ai

joué au volley

pris des photos

vu la maison

allé(e) à Rouen

Je suis

resté(e) à la maison

Lis et relie les opinions.

Exemple: 1 f

1 C'était intéressant.	**a** It was boring.
2 C'était nul.	**b** It was great.
3 C'était fantastique.	**c** It was funny.
4 Ce n'était pas mal.	**d** It was terrible.
5 C'était marrant.	**e** It was rubbish.
6 C'était ennuyeux.	**f** It was interesting.
7 C'était chouette.	**g** It was fantastic.
8 C'était affreux.	**h** It wasn't bad.

 C'était comment? Pour chaque personne note le numéro de l'opinion correcte de l'exercice 3.

Exemple: Bruno: magasins 2, restaurant 4

Bruno: magasins, restaurant
Léa: maison Monet, jardins
Amir: plages du Débarquement, film 360°
Océane: paint ball, banane tractée

À deux. Qu'est-ce que tu as fait le week-end dernier? C'était comment?

■ Qu'est-ce que tu as fait le week-end dernier?
● Je suis allé(e) à Londres. J'ai visité la Tour de Londres. Ce n'était pas mal. Et toi?

 Imagine que tu es une star. Décris ton week-end dernier et donne ton opinion.

Exemple:
Je m'appelle Jennifer Lopez. Le week-end dernier, je suis allée à Los Angeles. D'abord, j'ai mangé dans un restaurant très cher. C'était nul. Ensuite, j'ai ... / je suis ...

Mémorise ton texte et fais un dialogue avec ton/ta partenaire.

Exemple:
■ Je m'appelle Brad Pitt. Le week-end dernier, je suis ... / j'ai ... C'était ... Et toi?
● Je m'appelle Thierry Henry. Le week-end dernier, ...

5 Les 24 heures du Mans
A visit to a motor race
Understanding a report in the perfect tense

écouter **1** Écoute et trouve la bonne phrase. (1–8)

Exemple: 1 e

a
> J'ai acheté un billet sur Internet.

b
> Le soir, j'ai regardé la course à la télé aussi!

c
> L'année dernière, je suis allé aux 24 heures du Mans.

d
> Ensuite, j'ai mangé une pizza et j'ai bu du coca.

e
> Je m'appelle Samuel et j'adore la course automobile!

f
> J'ai aussi fait des photos.

g
> J'ai regardé la course. L'équipe Porsche a gagné. C'était fantastique!

h
> Je suis allé au Mans en train.

écrire **2** Copie et complète l'histoire de Samuel.

Je m'appelle Samuel et j'adore —————! L'année dernière, ————— aux 24 heures du Mans. ————— un billet sur Internet et je suis allé au Mans —————. J'ai regardé la course. L'équipe Porsche —————. C'était fantastique! ————— aussi des photos. Ensuite, j'ai mangé ————— et ————— du coca. Le soir, ————— la course à la télé aussi!

parler **3** Fais une interview avec Samuel. Réponds aux questions.

Exemple:
- ■ Qu'est-ce que tu as fait l'année dernière?
- ● Je suis allé aux 24 heures du Mans.

- ■ Qu'est-ce que tu as fait l'année dernière?
- ■ Comment as-tu acheté un billet?
- ■ Comment es-tu allé au Mans?
- ■ La course, c'était comment?
- ■ Qu'est-ce que tu as mangé?
- ■ Qu'est-ce que tu as bu?
- ■ Qu'est-ce que tu as fait le soir?

- ● Je suis allé …
- ● J'ai acheté un billet …
- ● Je suis allé au Mans …
- ● C'était …
- ● J'ai mangé …
- ● J'ai bu …
- ● Le soir, j'ai regardé …

4 **Lis le texte et réponds aux questions en français.**

Exemple: **1** Jacques Black

Qui …
1 … a doublé la Ferrari?
2 … a accéléré?
3 … est entré en collision avec la Jaguar?
4 … a gagné la course?
5 … a fini à la deuxième place?
6 … a fini à la troisième place?

Use reading strategies to understand complex texts. Look for:
- cognates or near-cognates (*victoire, accéléré, en collision avec, fini*)
- words you know, used in a different context (*l'année **dernière** / à la **dernière** minute*)
- words you can work out from other words you know (e.g. ***deux** / à la **deux**ième place*)

Victoire pour Porsche à Hollywood

Hier, à la course automobile d'Hollywood, encore une victoire pour l'équipe Porsche! À la dernière minute, le pilote de la Porsche, l'acteur Jacques Black, a doublé la Ferrari de la chanteuse pop, Lola J. Elle a accéléré, mais malheureusement, sa voiture est entrée en collision avec la Jaguar de Rocky Leroc, et c'est Jacques Black qui a gagné la course. Dédé Cool, pour l'équipe Mercedes-Benz, a fini à la deuxième place, avec la Toyota de Julie Starr à la troisième place.

---

doubler = to overtake

---

 5 **Qui parle? (1–4)**

Exemple: **1** Dédé Cool

 6 **Copie et corrige les phrases.**

Exemple: **1** J'ai doublé la Ferrari et …

1 Jacques Black

J'ai doublé la Toyota et j'ai gagné la course. C'était nul.

3 Dédé Cool

J'ai fini à la sixième place. C'était chouette.

2 Lola J

J'ai accéléré, mais je suis entrée en collision avec la Porsche. C'était marrant.

4 Julie Starr

Et moi, j'ai fini à la quatrième place. C'était fantastique.

Unité 1

I can

- talk about things to see and do in Normandy
- G use imperatives

- 👉 say the *-ez* verb ending correctly

Visitez la cathédrale de Rouen.
Faites de la planche à voile.
Goûtez la cuisine normande!
Ne manquez pas de visiter le Mont Saint-Michel!
Vénez au musée d'Orsay et admirez les Monet!

Unité 2

I can

- discuss travel arrangements

- G use the pronoun *y*

- 👉 say the letters *i* and *y* correctly

On y va en avion?
Non, l'avion, c'est trop cher.
On y va comment?
On y arrive à quelle heure?
On y va à midi.

Unité 3

I can

- arrange hotel accommodation

- G use *je voudrais*

Je voudrais une chambre avec douche, pour deux personnes, pour une nuit.
Je voudrais une chambre avec vue sur la mer.
Je voudrais faire de la natation.

Unité 4

I can

- describe a visit to an attraction

- say what something was like

- G use the perfect tense to describe a visit

Je suis allé(e) à Giverny. J'ai vu les jardins de Claude Monet et j'ai pris beaucoup de photos.
C'était chouette.
C'était ennuyeux.
Je suis allé(e) à Rouen où j'ai fait les magasins et j'ai mangé dans un bon restaurant.

Unité 5

I can

- describe a visit to a motor race

- understand a report in the perfect tense

L'année dernière, je suis allé(e) aux 24 heures du Mans. C'était fantastique!
Le pilote de la Porsche a doublé la Ferrari, mais il est entré en collision avec la Jaguar. C'est l'équipe Ferrari qui a gagné.

1 À l'hôtel. Écoute et choisis les deux bonnes images pour chaque personne. (1–4)

Exemple: 1 g, ….

a
b
c
d

e
f
g
h

2 À deux. Choisis entre les images et fais un dialogue.

Exemple:

- ■ On y va comment, à Paris?
- ● On y va en train?

2 ■ On y arrive à quelle heure?

● On y arrive à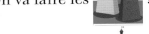

1 ■ On y va comment, à Paris?

● On y va en

3 ■ On va faire les ?

● Non, on va à la

3 Lis le texte. Copie et coche les cases dans la grille.

> Salut!
> Me voici en Normandie! Lundi, j'ai visité la cathédrale de Rouen, où j'ai fait des photos. C'était intéressant. Mardi, j'ai fait les magasins et j'ai mangé des fruits de mer dans un très bon restaurant. Et mercredi, je suis allée dans un parc de loisirs, où j'ai fait de la voile et de l'équitation. C'était fantastique!
> Stéphanie

Exemple:

	went shopping	ate seafood	visited cathedral	went horse-riding	took photos	went sailing
lundi			✔			
mardi						
mercredi						

 4 Imagine que tu es allé(e) en France. Lis les détails en anglais et écris des phrases.

Exemple: **1** Je suis allé(e) à Paris.

1 Went to Paris.
2 Visited Eiffel Tower.
3 Took photos.
4 Ate a hamburger in a restaurant.
5 Went shopping.

On cherche un hôtel

1 **Lis le texte et choisis les six bonnes images.**

Exemple: a, …

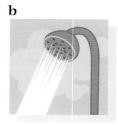
a

b

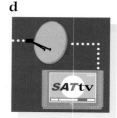
c

d

Hôtel d'Angleterre

1 rue Louis Philippe, 76600 Le Havre

L'Hôtel d'Angleterre est idéalement situé entre le centre-ville et le bord de mer pour un séjour de travail ou pour les vacances. À 5 minutes à pied de la plage et du centre du Havre, l'hôtel met à votre disposition: 25 chambres avec bain-wc ou douche, tél. direct, TV canal satellite, petit déjeuner continental, possibilité de plateau repas, garage privé, animaux acceptés. Restaurants à proximité.

e

f

g

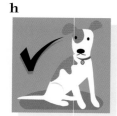
h

i

2 **Vrai (✔) ou faux (✘)?**

Exemple: 1 ✔

1 L'Hôtel d'Angleterre est près de la plage.
2 L'hôtel est à dix minutes du centre-ville.
3 L'hôtel a vingt chambres.
4 Il y a un téléphone et une télévision dans les chambres.
5 On ne peut pas aller à l'hôtel avec un chien.
6 Il y a des restaurants près de l'hôtel.

près de = near to

3 **On réserve une chambre à l'Hôtel d'Angleterre. Écoute et note les détails.**

Exemple: 3–7 octobre, …

4 À deux. Tu veux réserver une chambre
à l'Hôtel d'Angleterre. Fais un dialogue.

Client

- Je voudrais réserver une chambre.
- C'est pour (trois) nuits, du (24) au (26 juin).
- C'est pour (une/deux) personne(s).
- Est-ce que vous acceptez les animaux?
- Est-ce qu'il y a un téléphone/une télévision dans la chambre?
- Est-ce qu'il y a un restaurant/un parking/une piscine à l'hôtel?
- Je voudrais/On voudrait le petit déjeuner à/vers (huit) heures.

Réceptionniste

- C'est pour quelles dates/combien de personnes?
- Oui, monsieur/madame, les animaux sont acceptés.
- Oui, il y a un téléphone/une télévision dans toutes les chambres.
- Oui, il y a un garage privé à l'hôtel.
- Non, mais il y a des restaurants/une piscine près de l'hôtel.
- Vous prenez le petit déjeuner aussi?

 5 Lis l'e-mail de réservation. Note les
détails en anglais.

Exemple: 2 rooms, 5th to 8th August, …

Boîte de réception	Messages envoyés	Brouillons

Madame, Monsieur,
J'ai reçu une brochure de votre hôtel par la poste et je voudrais faire une réservation. Je voudrais deux chambres, du cinq au huit août. C'est pour un adulte et deux enfants. Je voudrais une chambre avec un grand lit et douche, et une chambre à deux lits avec douche. On a un petit chien aussi. Si possible, je voudrais les chambres avec balcon et vue sur la mer.
    Pourriez-vous me dire s'il y a une salle de gym à l'hôtel et si l'hôtel est près des magasins, s'il vous plaît?
Meilleures salutations,
Jérôme Prestel

 6 Écris un e-mail de réservation à un
hôtel de luxe. Invente les détails et
adapte l'e-mail de l'exercice 5.

Exemple:
Madame, Monsieur,
Je voudrais réserver une chambre dans
votre hôtel, du cinq juillet au …

Expo-langue ▶ Grammaire 1.6

When writing a formal letter or e-mail, remember to use **vous** (*you*), **votre** (*your*) and **s'il vous plaît** (*please*). It's also important to start it and sign off correctly. Look at the example in Exercise 5 to see how to do this.

Qu'est-ce que tu voudrais visiter?

 1 **Lis le texte et choisis les mots corrects.**

> Le Mans est dans la région de la Loire, à environ 50 kilomètres au sud de la Normandie. Les 24 heures du Mans est une des plus importantes courses automobiles du monde. La première course des 24 heures au Mans était au mois de mai en 1923. Mais, d'habitude, c'est en juin. L'équipe qui a gagné le plus souvent, c'est l'équipe Porsche, avec quinze victoires. À la deuxième place, c'est l'équipe Ferrari, qui a gagné neuf fois. Quant aux pilotes, c'est un Belge qui est champion: Jacky Ickx a gagné les 24 heures six fois. Les Français Henri Pescarolo et Yannick Dalmas ont gagné quatre fois.

Exemple: **1** Le Mans se trouve près de la Normandie.

1 Le Mans se trouve près de *l'Angleterre / la Normandie*.
2 Les 24 heures du Mans ont commencé en *1923 / 1932*.
3 D'habitude, les 24 heures sont au mois de *mai / juin*.
4 L'équipe Porsche a gagné *quinze / neuf* fois.
5 L'équipe Ferrari a gagné *deux / neuf* fois.
6 Le pilote qui a gagné six fois s'appelle *Jacky Ickx / Henri Pescarolo*.
7 Les pilotes français ont gagné *six / quatre* fois.

 2 **Écoute et note les statistiques sur la population de la France et de la Normandie.**

Exemple: Population de la France:
60 millions

Population de la France:	...... millions
Population de la Normandie:	...... millions
Population de la Haute Normandie:	...... million ...... mille
Population de Rouen:	...... cent mille

million = million
mille = thousand
cent = hundred

Lis et réponds aux questions en français.

Exemple: **1** Dans la maison des reptiles du zoo de Londres.

In the French version of the Harry Potter books and films, Hogwarts School is called **le collège Poudlard**.

Escapade Harry Potter

Es-tu fan des livres et des films de Harry Potter? Si ça t'intéresse, tu peux voir les lieux où ont été tournés les films: à Londres, à Bracknell, à Oxford, à Gloucester et à Alnwick.

Londres

- **Le zoo de Londres**
  Harry Potter a parlé le «fourchelangue», langage des serpents, en visitant la maison des reptiles du zoo de Londres, au bord de Regent's Park. Tu peux aussi la visiter!
- **La gare de King's Cross**
  Harry Potter est allé au collège Poudlard en train, en partant de la gare de King's Cross à Londres. La gare est bien réelle,

mais, malheureusement, le quai 9³/₄ n'existe pas!

- **Australia House**
  Ne manquez pas Australia House, l'ambassade d'Australie, qui était, dans le film, la fameuse Gringotts, banque des sorciers!

Bracknell

Si vous avez le temps, allez à Bracknell, à l'ouest de la capitale. Au 12 Picket Post Close, c'est la maison de l'oncle Vernon et de la tante Pétunia, où habite le petit sorcier Harry quand il n'est pas au collège Poudlard.

Oxford et Gloucester

À une heure en train de Londres se trouve Oxford, où on a filmé la majorité des scènes du collège Poudlard. C'est dans l'historique Bodleian Library à Oxford qu'on a filmé les scènes de la bibliothèque de Poudlard. Mais pour certaines scènes importantes, on a utilisé la belle cathédrale de Gloucester.

Alnwick

Finalement, il faut voyager jusqu'au nord-est de l'Angleterre. C'était dans le parc du magnifique château d'Alnwick qu'on a filmé les fantastiques matchs de «quidditch».

Où …

1 … est-ce que Harry Potter a parlé le langage des serpents?
2 … est-ce que Harry a pris le train pour aller au collège Poudlard?
3 … a-t-on filmé les scènes de la banque des sorciers, Gringotts?
4 … faut-il aller pour voir la maison de l'oncle Vernon et de la tante Pétunia?
5 … est-ce qu'on a filmé la majorité des scènes du collège Poudlard?
6 … est-ce qu'on a filmé les matchs de quidditch?

parler 4 **À deux. Imagine que tu es fan des films de Harry Potter et que tu veux visiter l'Angleterre avec un copain français / une copine française. Fais un dialogue avec ton/ta partenaire.**

Exemple:
■ Je veux voir la maison de l'oncle Vernon et de la tante Pétunia.
● Pour ça, il faut aller à Bracknell. Moi, je voudrais voir …
■ Pour ça, il faut aller …

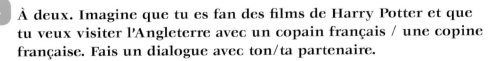 il faut aller = you have to go

 écrire 5 **Écris un paragraphe sur ta visite «Harry Potter».**

Exemple: D'abord, je suis allé(e) à Bracknell, où j'ai vu la maison de l'oncle Vernon et de la tante Pétunia. Ce n'était pas mal. Ensuite, je suis … / j'ai …

La publicité touristique
Tourist adverts

Venez …!	*Come …!*
Visitez …!	*Visit …!*
Admirez …!	*Admire …!*
Découvrez …!	*Discover …!*
Goûtez …!	*Taste …!*
Ne manquez pas …!	*Don't miss …!*
la cuisine normande	*Norman cooking*
les fruits de mer (m pl)	*seafood*
l'île (f)	*island*
les tableaux (m pl)	*paintings*
la Tapisserie de Bayeux	*the Bayeux Tapestry*
le Débarquement des Alliés	*the Allied invasion*
la Seconde Guerre Mondiale	*the Second World War*
les jardins de Claude Monet	*Claude Monet's gardens*

Les voyages
Travel

en ferry	*by ferry*
en voiture	*by car*
en avion	*by plane*
en train	*by train*
cher (chère)	*expensive*
rapide	*fast*
le Tunnel sous la Manche	*the Channel Tunnel*
la Tour Eiffel	*the Eiffel Tower*
la Tour de Londres	*the Tower of London*
la Statue de la Liberté	*the Statue of Liberty*

Les hôtels
Hotels

je voudrais	*I would like*
réserver	*to reserve, book*
une chambre	*a (bed)room*
pour	*for*
une nuit	*one night*
une personne (deux personnes)	*one person (two people)*
pour	*for*
du … au …	*from the … to the …*
avec douche	*with a shower*
avec un grand lit	*with a double bed*
à deux lits	*with two (single) beds*
avec balcon	*with a balcony*
avec vue sur la mer	*with a sea view*
avec télé-satellite	*with satellite TV*
avec piscine chauffée	*with a heated swimming pool*

Les visites touristiques
Sightseeing trips

Je suis allé(e) (à Rouen / dans un parc d'attractions).	*I went (to Rouen/ a theme park).*
J'ai visité la cathédrale.	*I visited the cathedral.*
J'ai fait les magasins.	*I went shopping.*
J'ai vu les jardins.	*I saw the gardens.*
J'ai regardé un film.	*I watched a film.*
J'ai fait / pris des photos.	*I took some photos.*
J'ai mangé dans un restaurant.	*I ate in a restaurant.*
J'ai joué au volley.	*I played volleyball.*
J'ai fait de l'équitation.	*I went horse-riding.*

Les opinions au passé

C'était intéressant.
C'était nul.
C'était fantastique.
Ce n'était pas mal.
C'était marrant.
C'était ennuyeux.
C'était chouette.
C'était affreux.

Le Mans

la course automobile
la course
le billet
l'équipe (m)
doubler
accélérer
entrer en collision avec
gagner
finir
à la première
   (deuxième/troisième)
   place

Opinions in the past

It was interesting.
It was rubbish.
It was fantastic.
It wasn't bad.
It was funny.
It was boring.
It was great.
It was terrible.

Le Mans

motor-racing
race
ticket
team
to overtake
to accelerate
to crash into
to win
to finish
in 1st (2nd/3rd)
   place

Stratégie 5
Reading complicated texts (1)

Don't give up! Just because you can't understand every word doesn't mean you can't work out what a French story or article is about. How many of these strategies do you use already?

● I read all the text to get an idea of what it's all about.
● I don't panic or give up when there's a word I don't know; I carry on to the end.
● I use my powers of logic to make sensible guesses.
● I spot cognates and words that look familiar.
● I say unfamiliar words out loud to check if they sound like another word I know.

Try them all out and see which work best for you.

6 Les droits des jeunes

1 Apprendre, c'est vivre

Schools in different countries
Using possessive adjectives

lire 1 Relie les questions et les réponses.

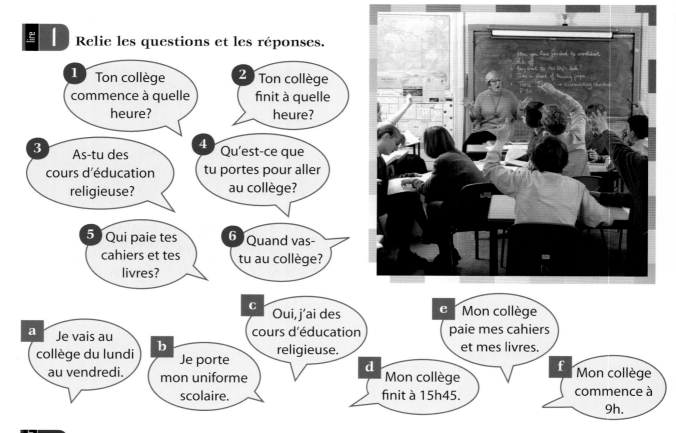

1 Ton collège commence à quelle heure?

2 Ton collège finit à quelle heure?

3 As-tu des cours d'éducation religieuse?

4 Qu'est-ce que tu portes pour aller au collège?

5 Qui paie tes cahiers et tes livres?

6 Quand vas-tu au collège?

a Je vais au collège du lundi au vendredi.

b Je porte mon uniforme scolaire.

c Oui, j'ai des cours d'éducation religieuse.

d Mon collège finit à 15h45.

e Mon collège paie mes cahiers et mes livres.

f Mon collège commence à 9h.

écouter 2 Zarina parle de son collège en France. Vrai (✔) ou faux (✘)?

1 Son collège commence à 8h.
2 Son collège finit à 16h.
3 Elle a des cours d'éducation religieuse.
4 Elle ne porte pas d'uniforme scolaire.
5 Ses parents paient ses cahiers et ses livres.
6 Elle va au collège le samedi matin.

parler 3 À deux. Prépare une conversation sur ton collège. Utilise les questions de l'exercice 1.

écrire 4 Écris un paragraphe sur ton collège.

Exemple: Mon collège commence à …

Expo-langue ▶ Grammaire 2.3

Possessive adjectives are used to show who something belongs to.

	masculin	féminin	pluriel
my	**mon** collège	**ma** matière	**mes** livres
your (**tu**)	**ton** collège	**ta** matière	**tes** livres
his/her	**son** collège	**sa** matière	**ses** livres

5 Lis et complète le texte. Utilise les mots dans la case.

livres   scolaire
parce que   collège
commence
samedi   lundi
parents
Grande-Bretagne
France

Il y a beaucoup de différences entre le collège en France et en Grande-Bretagne. En général, le collège en France **(1)** _____ vers huit heures et finit à seize heures ou à dix-sept heures. Mais en **(2)** _____, on commence vers neuf heures et on finit vers quinze heures trente. On va au collège du **(3)** _____ au vendredi en Grande-Bretagne. En France, dans certaines régions, on va à l'école le **(4)** _____ matin parce qu'il n'y a pas de classe le mercredi. Il n'y a pas d'uniforme **(5)** _____ en France; par contre, les élèves britanniques portent souvent l'uniforme. Encore une différence: en France, ce sont les **(6)** _____ qui paient le matériel scolaire (les cahiers, les **(7)** _____ et le papier, par exemple). En Grande-Bretagne, c'est le **(8)** _____ qui paie. Les élèves britanniques ont des cours d'éducation religieuse mais en **(9)** _____, il n'y a pas de cours d'éducation religieuse **(10)** _____ l'éducation et la religion sont séparées.

6 Relie les personnes et les opinions.

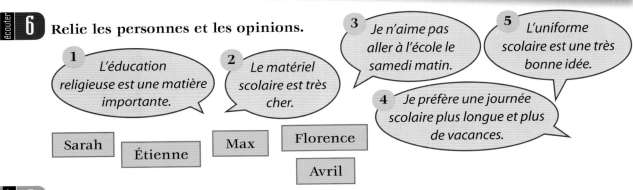

1 L'éducation religieuse est une matière importante.

2 Le matériel scolaire est très cher.

3 Je n'aime pas aller à l'école le samedi matin.

4 Je préfère une journée scolaire plus longue et plus de vacances.

5 L'uniforme scolaire est une très bonne idée.

Sarah   Étienne   Max   Florence   Avril

7 À deux. Prépare une conversation sur le collège en Grande-Bretagne et en France. Utilise la grille.

● Quels sont les avantages du collège en Grande-Bretagne?
● Quels sont les inconvénients?
● Qu'est-ce que tu penses du collège en France?

un avantage = an advantage
un inconvénient = a disadvantage

À mon avis Je pense qu'	un (autre) avantage un (autre) inconvénient	du collège en Grande-Bretagne du collège en France	est que … est qu'…	les parents (ne) paient (pas) le matériel scolaire. on (ne) va (pas) au collège le samedi matin. la journée scolaire commence à 8h/9h. on (ne) va (pas) à l'école en juillet. on (ne) porte (pas) l'uniforme scolaire. on (n') a (pas) de(s) cours d'éducation religieuse.

8 Écris un paragraphe sur tes opinions sur l'école en France et en Grande-Bretagne. Utilise la grille de l'exercice 7.

lire **1** **Relie les phrases et les images.**

Exemple: 1 d

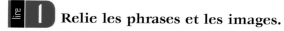

1 Je livre des journaux.

2 J'aide mes parents dans leur magasin.

3 Je mets la table.

4 Je vide le lave-vaisselle.

5 Je passe l'aspirateur.

6 Je sors la poubelle.

7 Je travaille dans un restaurant.

8 Je ne fais rien.

leur = their

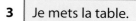

écouter **2** **C'est quelle image? (1–8)**

Exemple: 1 h

écrire **3** **Corrige l'erreur dans chaque phrase.**
Correct the mistake in each sentence.

1 Je ne fait rien.
2 Je passe l'aspiratuer.
3 Je travailler dans un restaurant.
4 Je mets le table.
5 J'aide mes parents dans leur magazine.
6 Je livre des journals.

lire 4 Lis le texte et relie les phrases.

Étude de cas: un enfant travailleur au Sénégal

Dans le monde entier, environ 200 millions d'enfants travaillent. Sabine habite au Sénégal en Afrique. À neuf ans, elle a quitté son village et sa famille. Elle habite maintenant à Dakar, capitale du Sénégal, où elle travaille comme domestique chez une famille riche.

Tous les jours, elle se lève à 6h30. Elle s'habille et puis elle commence à travailler. Elle aide dans la cuisine et elle va souvent au marché. Aux heures des repas, elle met la table et elle vide le lave-vaisselle. Comme beaucoup de jeunes Sénégalais qui sont domestiques, Sabine travaille douze heures par jour, sept jours sur sept. Elle se couche souvent vers 20h car elle est très fatiguée. Son rêve, c'est d'aller au collège.

1 Dans le monde entier, il y a 200 millions …
2 Sabine habite …
3 Sabine est …
4 Elle se lève …
5 Elle travaille …
6 Elle se couche …
7 Elle voudrait …

a à Dakar au Sénégal.
b domestique chez une famille riche.
c douze heures tous les jours.
d d'enfants travailleurs.
e à 6h30.
f aller au collège.
g vers 20h.

> dans le monde entier = in the whole world

parler 5 À deux. Répète la conversation en changeant les détails chaque fois.

■ Comment t'appelles-tu?
● Kamel / Morgane / Philippe / Sarah
■ Est-ce que tu travailles?

●

■ À quelle heure est-ce que tu te lèves?

●

■ À quelle heure est-ce que tu te couches?

●

Expo-langue ▶ Grammaire 3.6

Reflexive verbs are verbs which include an extra pronoun (before the verb). The infinitive of a reflexive verb has the pronoun **se**.

se coucher = to go to bed
je **me** couche = I go to bed
tu **te** couches = you go to bed
il/elle/on **se** couche = he/she/we go to bed

écrire 6 Écris les conversations de l'exercice 5.

3 Combattre la faim
Tackling hunger in the world
Using *on peut* + the infinitive

1 À deux. Copie les neuf mots/expressions soulignés. Utilise le contexte pour trouver la définition correcte de chaque mot/expression.
In pairs. Copy the nine underlined words/phrases. Use the context to find the correct definition of each word.

a
24000 personnes <u>meurent</u> tous les jours à cause de <u>la faim</u>

b
La <u>malnutrition</u> cause la majorité des <u>morts</u> de faim dans <u>les pays en voie de développement</u>

c
Quelle est <u>l'espérance de vie</u> au Malawi en Afrique? 38 ans!

d
Le <u>SIDA</u> <u>tue</u> plus de gens que la faim en Afrique

e
À New York 40% des enfants <u>vivent</u> <u>en dessous du seuil de pauvreté</u>

life expectancy

kills

deaths

Aids

below the poverty line

hunger

live

developing countries

die

2 Complète chaque phrase en anglais.

1 Forty per cent of children in New York live …
2 In the developing world, most deaths from hunger are due to …
3 Every day, hunger kills …
4 In Africa, more people are dying of … than of hunger.
5 Life expectancy in Malawi is …

3 Mets les titres de l'exercice 1 dans le bon ordre. (1–5)

lire 4 **Qu'est-ce qu'on peut faire pour aider? Lis les expressions anglaises et trouve-les dans les phrases françaises.**
What can we do to help? Read the English phrases and find them in the French sentences.

1 On peut acheter des produits issus du commerce équitable.
2 On peut donner plus d'argent aux bonnes causes.
3 On peut faire du bénévolat en Afrique ou en Inde plus tard.
4 On peut écrire au gouvernement pour demander plus d'argent pour les pays en voie de développement.
5 On peut organiser des activités pour collecter de l'argent à l'école.
6 On peut parrainer un enfant à l'étranger.

Expo-langue ▶ Grammaire 3.10

You use **on peut** followed by the infinitive to say what you can do.
On peut parrainer un enfant.
= **You can** sponsor a child.

a good causes
b to sponsor a child from abroad
c fairtrade products
d fund-raising activities
e to ask for money
f voluntary work

lire 5 **Relie les phrases de l'exercice 4 et les images.**

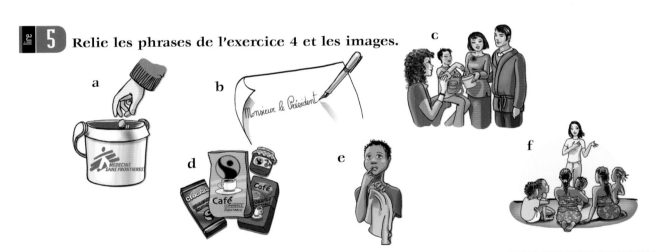

écouter 6 **C'est quelle image? (1–6)**

Exemple: **1** f

Mini-test

I can …
■ talk about school in France and the UK
■ talk about the advantages/disadvantages of the two school systems
■ talk about what jobs I do
■ say when I get up and go to bed
■ understand information about world hunger
■ say what we can do to help

écrire 7 **Prépare un poster avec le titre «Comment aider à combattre la faim?» Utilise les idées de l'exercice 4.**

lire **1** À deux. Relie les religions et le pourcentage de pratiquants en France, le livre sacré, les symboles et les images qui correspondent.

In pairs. Match each religion with the percentage of people of that religion in France, its holy book, its symbols and the picture which shows those symbols.

Principales religions	Pourcentage approximatif de pratiquants	Livre sacré	Exemples de symboles importants	Images
bouddhiste				
catholique				
juif				
musulman				
protestant				
sans religion				

Pourcentage approximatif de pratiquants

1% 1% 2% 6% 8% 82%

Livres sacrés

le Tenakh   le Coran   la Bible   le Tipitaka

Symboles importants

la position du lotus, la statue de Bouddha   les minarets, le foulard

la menorah, la kippa   la croix, le poisson

Images

a 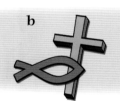   b    c    d

écouter **2** Écoute et vérifie.

parler **3** À deux. Lis la conversation. Prépare une conversation sur chaque personne en changeant les mots.

■ **Alok** est de quelle religion?
● Il est **hindou**.
■ Quel est le livre sacré de cette religion?
● C'est **le Mahabarata**.
■ Est-ce qu'il y a des symboles importants dans cette religion?
● Il y a **les statues de Ganesha**, par exemple.

1 Mohammed, musulman

2 Marc, juif

3 Sarah, bouddhiste

4 Marie-Thérèse, catholique

4 À deux. Avant de lire l'article sur le port du foulard dans les écoles en France, discute les questions en anglais.

In pairs. Before reading the article about wearing religious headscarves in French schools, discuss these questions in English.

1 Why do you think some French schoolgirls might choose to wear a religious headscarf (*le foulard*) to school?

2 'Overtly religious symbols' are banned in French schools. Why do you think that might be?

 5 Lis l'article et choisis la bonne fin pour chaque phrase.

1 Lila et Alma sont *sœurs / amies*.
2 Elles habitent à *Paris / Londres*.
3 Elles sont *catholiques / musulmanes*.
4 À l'école, elles voulaient porter *un foulard / une croix*.
5 À cause de leurs foulards elles ont été *exclues / emprisonnées*.
6 La religion et l'éducation sont séparées en *Grande-Bretagne / France*.
7 Pour Lila et Alma, le foulard est un symbole *assez / très* important.

Lila et Alma: exclues de l'école à cause de leurs foulards

Lila et Alma sont deux sœurs de 16 ans et 18 ans qui vont à l'école à Paris. Elles sont musulmanes. Récemment, les deux filles ont été exclues de l'école car elles voulaient porter le foulard, symbole de leur religion musulmane.

En France, la religion et l'éducation sont séparées. C'est pourquoi il n'y a pas de cours d'éducation religieuse dans les écoles françaises. Pourtant, Lila et Alma choisissent de porter le foulard car c'est un symbole très important dans leur religion.

 6 Écoute les opinions et décide si chaque personne est pour ou contre le droit de porter le foulard en classe. Note en anglais la raison donnée par chaque personne. (1–3)

7 À deux. Quelle est ton opinion sur le port du foulard en classe?

Je suis	pour contre	le port du foulard en classe	parce que	la religion et l'éducation sont séparées. les catholiques ont le droit de porter une croix. le foulard est un symbole important de la religion musulmane.

8 Écris chaque opinion dans le bon ordre. Utilise la grille de l'exercice 7.

1 suis en je pour le du classe port foulard
2 symbole musulmane important religion foulard est de un la le
3 en la et sont l'éducation France religion séparées
4 port classe foulard je contre le du en suis
5 le les de une ont porter catholiques croix droit

5 Les grands défenseurs des droits
Human rights activists
Understanding more difficult texts

lire 1 Lis les textes, puis copie les mots soulignés. Trouve la bonne définition pour chaque phrase.

Gandhi (1869 – 1948)

Gandhi, né en Inde en 1869, est <u>un homme de paix</u>. Il utilise les moyens non-violents: il refuse de prendre les armes et fait <u>des grèves de la faim</u>. Il a deux causes principales: l'indépendance entre l'Inde et la Grande-Bretagne, et la libération des «intouchables», les Indiens qui font les travaux les plus terribles. Le nom «intouchables» est aboli en 1947. Gandhi est assassiné le 30 janvier 1948.

Martin Luther King (1929 – 1968)

Martin Luther King défend les droits des Noirs aux États-Unis. Comme en Afrique du Sud, les Noirs et les Blancs en Amérique sont séparés dans les bus et les collèges, par exemple. En 1955, Rosa Parks, une passagère de bus noire, prend une place réservée aux Blancs et est <u>arrêtée</u> par la police. Martin Luther King est membre de l'organisation qui libère Rosa Parks. Sa maison est dynamitée. En 1963, à Washington, il fait <u>un discours</u> célèbre: «J'ai fait un rêve …». Prix Nobel de la Paix en 1963, il est assassiné le 4 avril 1968 par un Blanc.

1 a speech
2 a man of peace
3 arrested
4 hunger strikes

lire 2 C'est qui: Gandhi ou Martin Luther King?

1 Il refuse d'accepter la séparation des Américains blancs et noirs.
2 Il est mort en 1968.
3 Il gagne le Prix Nobel de la Paix en 1963.
4 Il déteste la violence.
5 Il est mort en 1948.
6 Il est membre d'une organisation anti-raciste.
7 Il aide les plus pauvres de la société indienne.

lire **3** À deux. Fais le questionnaire sur Nelson Mandela.
Choisis la bonne réponse pour chaque question.

1 De quel pays Nelson Mandela vient-il?
- de l'Amérique
- de l'Afrique du Sud

2 Quelle est sa cause principale?
- l'abolition du sexisme
- l'abolition de l'apartheid

3 Qu'est-ce que c'est l'apartheid?
- la séparation des Blancs et des Noirs
- la séparation des femmes et des hommes

4 En quelle année Nelson Mandela est-il emprisonné?
- en 1964
- en 1996

5 Pourquoi est-il est emprisonné?
- parce qu'il a fondé un parti politique anti-apartheid
- parce qu'il a fondé un parti politique anti-femmes

6 Que se passe-t-il en 1990?
- Nelson Mandela est arrêté.
- Nelson Mandela est libéré.

7 Quand est-ce que l'apartheid est aboli?
- en 1991
- en 2002

8 Que se passe-t-il en 1994?
- Nelson Mandela devient Président.
- Nelson Mandela devient Chef de police.

écouter **4** Écoute et vérifie.

parler **5** À deux. Prépare quelques phrases sur le défenseur des droits
que tu admires le plus. Dis pourquoi tu l'admires.
*In pairs. Prepare a few sentences about the human rights activist you
admire most. Say why you admire him.*

Moi, j'admire	Gandhi. Martin Luther King. Nelson Mandela.

Il est né en	1869. 1918. 1929.
Il est/était	américain. indien. sud-africain.
Il a défendu les droits	des Noirs en Afrique du Sud. des «intouchables» en Inde. des Noirs aux États-Unis.

Je l'admire parce que c'est/c'était	un homme de paix. un grand défenseur des droits humains. un modèle pour les jeunes.

écrire **6** Écris un paragraphe sur Gandhi, Martin Luther King
et Nelson Mandela. Utilise la grille.

Unité 1

I can

- talk about school in France and the UK

Mon collège commence à huit heures.
Mon collège paie mes cahiers et mes livres.

- talk about the advantages/disadvantages of the two school systems

Les parents paient le matériel scolaire.
On ne va pas au collège le samedi matin.

G use singular possessive adjectives

mon collège, ses cahiers

Unité 2

I can

- talk about what jobs I do

Je livre des journaux.
Je passe l'aspirateur.

- say when I get up and go to bed

Je me lève à 7h30.
Je me couche à 22h.

G use singular reflexive verbs

je me couche, tu te couches, il se couche

Unité 3

I can

- understand information about world hunger

24 000 personnes meurent chaque jour à cause de la faim.
L'espérance de vie au Malawi est de 38 ans.

- say what we can do to help

On peut acheter des produits issus du commerce équitable.
On peut parrainer un enfant.

G use *on peut* + infinitive

on peut faire, on peut écrire

Unité 4

I can

- understand information about the main religions in France

Huit pour cent de la population sont musulmans.
Le livre sacré est le Coran.

- find out about other religions

Tu es de quelle religion?
Quel est le livre sacré de ta religion?

- understand information about a topical issue

Lila et Alma: exclues de l'école à cause de leurs foulards.

Unité 5

I can

- understand texts about famous people

Martin Luther King défend les droits des Noirs aux États-Unis.
C'était un homme de paix.

- talk about why I admire someone

C'était un grand défenseur des droits humains.

1 Copie et complète la grille.

qui?	travail?
Amandine	b
sa sœur	
son frère	

2 À deux. À tour de rôle. Prépare des réponses aux questions.

- ■ À quelle heure est-ce que tu te lèves?
- ● A: *7h15*   B: *7h45*
- ■ Ton collège commence à quelle heure?
- ● A: *8h*   B: *8h10*

- ■ Ton collège finit à quelle heure?
- ● A: *16h*   B: *17h*
- ■ À quelle heure est-ce que tu te couches?
- ● A: *21h30*   B: *22h*

3 Lis l'e-mail et réponds aux questions.

Boîte de réception | Messages envoyés | Brouillons

Salut, tu m'as posé plein de questions sur mon collège. Ici à Dieppe, je me lève à 7h20 car mon collège commence à 8h15. Pour le collège, je porte un jean et un tee-shirt. On ne porte pas d'uniforme. Mon collège finit à 16h30. Je vais à l'école du lundi au vendredi: dans cette région, on ne va pas à l'école le samedi matin. Dans mon collège, j'ai beaucoup de matières, mais on n'a pas de cours d'éducation religieuse.

Bon, je dois partir maintenant. Je vais au supermarché avec mes parents … Ici en France, ce sont les parents qui paient le matériel scolaire!
Max

1 Le collège de Max commence à quelle heure?
2 Qu'est-ce qu'il porte pour aller à l'école?
3 Son collège finit à quelle heure?
4 Quels jours va-t-il au collège?
5 Est-ce que il a des cours d'éducation religieuse?
6 Qui paie ses cahiers et ses livres?

4 Écris un paragraphe sur ta semaine typique.

Exemple: Le lundi, je me lève à 5h30 parce que je livre des journaux.

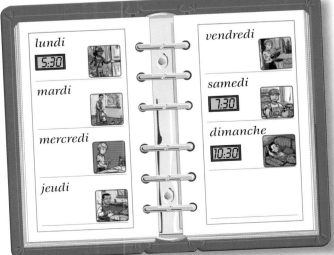

L'argent et moi

 1 Écoute et lis.

en cuir = (made of) leather

Je reçois de l'argent de poche de mes parents tous les week-ends. Je reçois dix euros par semaine. Avec mon argent, j'achète des CD et des jeux d'ordinateur. J'économise aussi pour une veste en cuir. L'année prochaine, je vais travailler dans un restaurant le samedi soir. Comme ça, je vais avoir plus d'argent pour acheter ce que je veux.

Benoît, Charlemagne, Belgique

Je n'ai pas mon propre argent parce que mes parents achètent tout ce dont j'ai besoin. Ils paient mon matériel scolaire, mes vêtements, les CD que je veux, mes magazines ... Bien sûr, j'aide à la maison car mes parents travaillent très dur. Ce week-end, par exemple, je vais faire du baby-sitting pour mes petits frères.

Sahlia, Nantes, France

Est-ce que les jeunes ont le droit d'avoir leur propre argent? Voici les opinions de quatre jeunes Européens.

En Angleterre, beaucoup de jeunes ont un petit boulot. Moi, je livre des journaux tous les matins. Je me lève à six heures et je vais au magasin de journaux où on me donne les journaux. Je les livre à vélo: le seul problème, ce sont les chiens féroces ... Je gagne quinze livres sterling par semaine. Comme j'achète tous mes vêtements, ce n'est pas beaucoup. J'économise pour mes vacances car l'année prochaine, je vais passer une semaine en Espagne.

Thomas, Londres, Angleterre

J'habite en Suisse et je reçois trente francs de mon père toutes les semaines. Mais je dois aider à la maison pour gagner mon argent de poche. Je passe l'aspirateur et je sors la poubelle une fois par semaine. En plus, tous les jours, je dois mettre et débarrasser la table et faire la vaisselle. L'année prochaine, je vais chercher un petit boulot. Je voudrais travailler dans un magasin de vêtements le samedi.

Catherine, Genève, Suisse

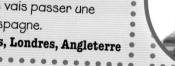

 **2** Qui ...

1 va aider ses parents ce week-end?
2 économise pour un vêtement?
3 va à l'étranger l'année prochaine?
4 reçoit 30CHF par semaine?
5 n'a pas besoin d'argent?
6 gagne £15 par semaine?
7 reçoit 10€ toutes les semaines?
8 a un petit boulot?
9 voudrait un petit boulot l'année prochaine?
10 aide à la maison?

lire **3** **Trouve les mots français dans le texte.**

1 I get pocket money from my parents.
2 I get 10 euros per week.
3 With my money, I buy …
4 I'm saving up for …

5 a part-time job
6 I earn £15 a week.
7 I haven't got my own money.
8 My parents buy me everything I need.

écouter **4** **Réponds aux questions.**

1 Simone est de quelle nationalité?
2 Combien d'euros reçoit-elle par semaine?
3 Qu'est-ce qu'elle fait pour gagner son argent de poche? (3 activités)
4 Qu'est-ce qu'elle achète avec son argent? (4 choses)
5 Pourquoi est-ce qu'elle économise?
6 Où va-t-elle travailler l'année prochaine?

parler **5** **À deux. Prépare deux interviews sur l'argent.**
Change les questions de l'exercice 4 pour
interviewer ton/ta partenaire et prépare
des réponses.

Exemple: **1** Tu es de quelle nationalité?

MARIE (anglaise)
● £6 par semaine

KARIM (français)
● 15€ par semaine

écrire **6** **Écris une lettre au magazine pour parler de ton argent.**
Adapte et change les textes de l'exercice 1.

Nos droits, nos responsabilités

lire **1** Lis le poème.

LIBERTÉ

I dées

B onheur

E ntente

R êves

T olérance

É galité

et

DROITS

R esponsabilités

O ptimisme

I nformation

T raditions

S olidarité

écrire **2** À deux. Utilise le dictionnaire. Écris un autre poème avec un dessin pour un de ces mots ou une de ces expressions.

ÉDUCATION   LES ENFANTS TRAVAILLEURS   RACISME et TOLÉRANCE

parler 3 **En groupes. Trouve un dé et joue au jeu des droits humains.**

● You must go down if you land on a snake.
● If you land on a ladder, you can only go up if you do what it says on that square.
● You need the exact number to finish.

nommer = to name

Jeu des droits humains

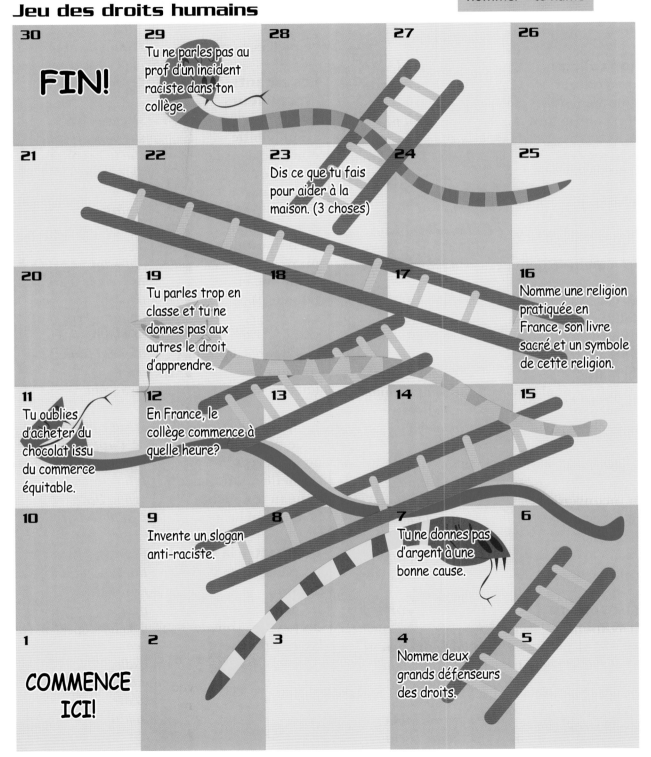

30 FIN!

29 Tu ne parles pas au prof d'un incident raciste dans ton collège.

28

27

26

21

22

23 Dis ce que tu fais pour aider à la maison. (3 choses)

24

25

20

19 Tu parles trop en classe et tu ne donnes pas aux autres le droit d'apprendre.

18

17

16 Nomme une religion pratiquée en France, son livre sacré et un symbole de cette religion.

11 Tu oublies d'acheter du chocolat issu du commerce équitable.

12 En France, le collège commence à quelle heure?

13

14

15

10

9 Invente un slogan anti-raciste.

8

7 Tu ne donnes pas d'argent à une bonne cause.

6

1 COMMENCE ICI!

2

3

4 Nomme deux grands défenseurs des droits.

5

Les questions / *Question words*

À quelle heure ...?	*What time ...?*
Quand ...?	*When ...?*
Qu'est-ce que ...?	*What ...?*
Quel ...?	*Which ...?*
Qui ...?	*Who ...?*

Mon collège / *My school*

Mon collège commence à ...	*My school starts at ...*
Mon collège finit à ...	*My school finishes at ...*
Je vais au collège de ... à ...	*I go to school from ... to ...*
Je porte ...	*I wear ...*
Je fais ...	*I do ...*
Mon collège paie ...	*My school pays for ...*
Mes parents paient ...	*My parents pay for ...*
des cours d'éducation religieuse	*RE*
la journée scolaire	*the school day*
le matériel scolaire	*school stuff*
une matière	*a school subject*
l'uniforme scolaire	*the school uniform*
les vacances	*the holidays*
cher (chère)	*expensive*
long(ue)	*long*
plus de	*more*
un avantage	*an advantage*
un inconvénient	*a disadvantage*
Qu'est-ce que tu penses de ...?	*What do you think of ...?*
À mon avis ...	*In my opinion ...*
Je pense que ...	*I think that ...*

Est-ce que tu travailles? / *Do you work?*

J'aide mes parents dans leur magasin.	*I help my parents in their shop.*
Je livre des journaux.	*I deliver newspapers.*
Je mets la table.	*I set the table.*
Je passe l'aspirateur.	*I do the vacuuming.*
Je sors la poubelle.	*I put the rubbish out.*
Je travaille dans un restaurant.	*I work in a restaurant.*
Je vide le lave-vaisselle.	*I empty the dishwasher.*
Je ne fais rien.	*I don't do anything.*

Les enfants travailleurs / *Child labourers*

elle se lève	*she gets up*
elle s'habille	*she gets dressed*
elle aide dans la cuisine	*she helps in the kitchen*
elle va au marché	*she goes to the market*
elle se couche	*she goes to bed*
un domestique	*a servant*
un rêve	*a dream*
le monde entier	*the whole world*
fatigué(e)	*tired*
environ	*about*
vers	*at about*
aux heures des repas	*at meal times*
souvent	*often*
tous les jours	*everyday*
À quelle heure est-ce que tu te lèves?	*What time do you get up?*
Je me lève à ...	*I get up at ...*
À quelle heure est-ce que tu te couches?	*What time do you go to bed?*
Je me couche à ...	*I go to bed at ...*

Combattre la faim / *Fighting hunger*

l'espérance de vie	*life expectancy*
la faim	*hunger*
les gens (m pl)	*people*
les pays en voie de développement	*developing countries*
le SIDA	*Aids*
un mort	*a death*
mourir	*to die*
tuer	*to kill*

vivre en dessous du seuil de pauvreté	*to live below the poverty line*		

vivre en dessous du seuil de pauvreté — *to live below the poverty line*

acheter des produits issus du commerce équitable — *to buy fairtrade products*

demander plus d'argent — *to ask for more money*

donner plus d'argent aux bonnes causes — *to give more money to charity/good causes*

écrire au gouvernement — *to write to the government*

collecter de l'argent — *to raise money*

faire du bénévolat — *to do voluntary work*

organiser des activités — *to organise activities*

parrainer un enfant à l'étranger — *to sponsor a child abroad*

La religion — *Religion*

bouddhiste — *Buddhist*
catholique — *Catholic*
juif — *Jewish*
musulman — *Muslim*
protestant — *Protestant*
sans religion — *without a religion*
le livre sacré — *the holy book*
un pratiquant — *a believer*
un symbole — *a symbol*

choisir — *to choose*
porter — *to wear*
exclu(e) — *excluded, expelled*
logique — *logical*
préjugé(e) contre — *prejudiced against*
séparé(e) — *separate*
raciste — *racist*
un foulard — *a religious headscarf, worn by Muslim women*
le port du foulard — *the wearing of a religious headscarf*
récemment — *recently*
en classe — *in school*
je suis pour — *I am for*
je suis contre — *I am against*

Les défenseurs des droits — *Human rights activists*

la grève de la faim — *hunger strike*
un homme de paix — *a man of peace*
l'Inde — *India*
les moyens non-violents (m pl) — *non-violent methods*
le nom — *the name*
un(e) passagère — *a passenger*
les plus pauvres — *the poorest people*
arrêter — *to arrest*
assassiner — *to assassinate*
faire un discours — *to make a speech*
gagner le prix Nobel de la Paix — *to win the Nobel Peace Prize*
libérer — *to set free*
prendre les armes — *to take up arms*
prendre une place — *to take a seat*
utiliser — *to use*
aboli(e) — *abolished*
célèbre — *famous*
il est né — *he was born*
il est mort — *he died*
il est — *he is*
il était — *he was*
il a défendu les droits — *he defended the rights*
Je l'admire. — *I admire him.*
un modèle pour les jeunes — *a role model for young people*

Stratégie 6
Reading complicated texts (2)

Here are some more strategies for coping with complicated texts.

- I pick out what seem to be the key words – they often appear more than once.
- I look out for names of people and places.
- I don't just look at the whole word, I look at parts of a word to see if I can use that to work out the meaning.
- I try to spot word categories, e.g. verbs, nouns or adjectives.
- I use my knowledge of grammar. For example, can I spot what tense a verb is in?

lire 1

Regarde les images. Vrai (✔) ou faux (✗)?

Look at the pictures. True (✔) or false (✗)?

Exemple: 1 ✔

1 J'ai les cheveux longs.
2 J'ai les cheveux noirs.
3 Je suis anglaise.
4 Je regarde les émissions musicales.
5 J'aime lire les magazines féminins.
6 Je joue au tennis.
7 J'écoute des CD.
8 Je regarde des DVD.

écrire 2

Copie et complète le texte pour Samuel.

Copy and complete the text for Samuel.

Exemple: Je m'appelle Samuel.
Je suis français.

yeux bleus   regarde la télé   français
magazines de foot
au cinéma   livres d'horreur
courts et blonds

Je m'appelle Samuel. Je suis ▮ *. J'ai les cheveux* ▮
et les 👀 *. Le soir, je mange avec ma famille, puis je* 📺 *.*
Je préfère les émissions de télé-réalité. J'aime la lecture aussi. J'adore les
 et les *Je vais une fois par semaine* 🏛

écrire 3

Adapte le texte de Samuel. Écris sur toi.
Adapt Samuel's text. Write about yourself.

Exemple: Je m'appelle (Julie). Je suis (écossaise). J'ai les cheveux …

1 Relie les phrases.

Match the sentences.

Exemple: **1** d

1 Je n'aime pas les séries, mais …
2 Le soir, j'écoute de la musique …
3 Qu'est-ce qu'on passe au cinéma?
4 J'ai les cheveux courts et …
5 Mon père est français, mais …
6 J'aime lire les livres de Harry Potter et …

a … dans ma chambre.
b … noirs et les yeux marron.
c … ma mère est algérienne.
d … j'adore les émissions de sport.
e … les magazines de musique pop.
f Il y a *Shrek*. C'est un dessin animé.

2 Lis le texte et mets les images dans le bon ordre.

Read the text and put the pictures in the right order.

Exemple: c, …

Samedi dernier, j'ai fait les magasins et j'ai acheté un livre de science-fiction parce que j'adore la lecture. Après, j'ai retrouvé mes copines chez Macdo. J'ai mangé un hamburger-frites et j'ai bu un jus d'orange. Samedi soir, j'ai vu un film d'action au cinéma. Dimanche matin, j'ai fait de la natation avec ma sœur et l'après-midi, j'ai joué à l'ordinateur dans ma chambre.

3 Copie le texte de l'exercice 2 et change les détails.

Copy the text from Exercise 2 and change the details.

Exemple: Samedi dernier, j'ai fait les magasins et j'ai acheté un livre de Harry Potter …

4 Qu'est-ce que tu as fait le week-end dernier? Écris un paragraphe.

What did you do last weekend? Write a paragraph

C'est quelle image?

1 Je vais jouer au flipper.
2 Je vais manger au fast-food.
3 Je vais aller au cinéma.
4 Je vais regarder la télé.
5 Je vais écouter des CD.

a  b

e

c  d

Mets les phrases dans le bon ordre.

1   va on jouer tennis au

2   DVD on va des regarder

3   aller cinéma va on au

4   manger une on pizza va

5   CD écouter on des va

Écris des phrases.

Exemple: Lundi, je vais manger au fast-food.

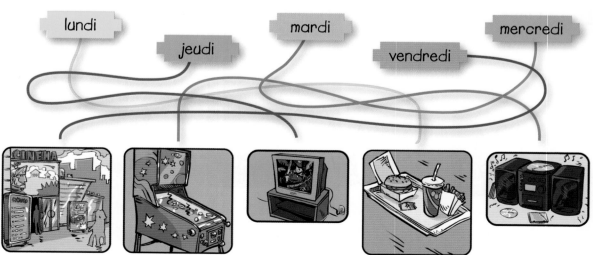

lundi jeudi mardi vendredi mercredi

lire **1** **Lis les textes.**

Qui …
1 … va avoir une grande maison?
2 … va être heureuse?
3 … va étudier l'histoire?
4 … va travailler dans un garage?
5 … va aller à l'université?
6 … va avoir des enfants?
7 … va voyager?

> Plus tard, je vais aller à
> l'université où je vais faire une
> licence d'histoire. Je vais rencontrer
> la femme de mes rêves et on va avoir trois enfants.
> On va habiter dans une grande maison.
> **Laurent**

> Plus tard, je vais faire un apprentissage
> dans un garage. Je vais avoir une
> belle voiture et je vais être heureuse. Je
> vais aussi faire le tour du monde car je
> voudrais visiter l'Amérique et l'Asie.
> **Lara**

lire **2** **Corrige l'erreur dans chaque phrase.**

1 Laurent va avoir deux enfants.
2 Lara va avoir une belle moto.
3 Laurent va habiter dans une petite maison.
4 Lara va faire un apprentissage dans un salon de coiffure.
5 Laurent va étudier le français.
6 Laurent va faire le tour du monde.

écrire **3** **Écris des phrases en français.**

Shaun
I'm going to:
• do an apprenticeship at a hairdresser's
• meet the woman of my dreams
• be happy

Sharon
I'm going to:
• go to university
• do a degree in French
• have two children

1 Mets les mots dans le bon ordre.

Exemple: **1** Faites plus d'exercice!

1 plus faites d'exercice
2 pas fumez ne
3 d'eau buvez beaucoup
4 moins gras mangez
5 huit nuit dormez heures par
6 le évitez stress
7 légumes de beaucoup mangez fruits de et

2 Relie et copie les moitiés de phrases qui riment.
Match and copy the sentence halves which rhyme.

Exemple: **1** d Ma copine Colette a mal à la tête.

1 Ma copine Colette …   **a** … a mal au dos.
2 Mon frère Théo …   **b** … a mal à la gorge.
3 Ma belle-mère Fleur …   **c** … a mal aux dents.
4 Mon copain Georges …   **d** … a mal à la tête.
5 Ma sœur Lola …   **e** … a mal au bras.
6 Mon père Vincent …   **f** … a mal au cœur.

3 Écris un poème. Utilise les mots dans la grille.
Write a poem. Use the words in the box.

Exemple: Ma sœur Mireille a mal à l'oreille.
  Mon copain Hugo …

(demi-)frère	Hugo	bras
(demi-)sœur	Chloé	dos
(beau-)père	Mehmet	pied
(belle-)mère	Lisa	dents
copain/copine	Romain	main
	Mireille	tête
	Nathan	oreille

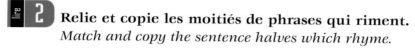

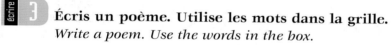

écrire **1** Regarde la grille et écris un paragraphe sur Shazia et Samuel.

Exemple: Je m'appelle Shazia. Je mange beaucoup de fruits et de
... mais j'adore ... Je ne bois pas ...

Shazia	beaucoup	♥		✗	beaucoup	salsa, natation	✔
Samuel	✗		♥	beaucoup		kickboxing, musculation	✗

lire **2** Lis les textes et regarde les images. Pour chaque image, écris «Nabila», «Sunita», «Benjamin» ou «Nathan».

jumeau/jumelle = twin

Exemple: a Nathan

1
Salut! Je m'appelle Nabila et j'ai une sœur jumelle, qui s'appelle Sunita. Hier, on est allées au centre de sport. Moi, j'ai fait du judo, mais elle, elle n'aime pas ça, donc elle a joué au basket. Après, on a mangé à la cafétéria. Elle a mangé une omelette aux champignons, parce qu'elle est végétarienne, mais moi, je déteste les légumes, donc j'ai mangé un poulet-frites.

2
Salut! Je m'appelle Nathan et j'ai un frère jumeau, qui s'appelle Benjamin. Pendant les vacances, on est allés dans les Alpes. Benjamin adore les sports d'hiver et lui, il a fait du ski. Mais moi, je préfère les sports nautiques et j'ai fait de la voile. Lui, il aime aussi le vélo et il fait du VTT tous les jours. Moi, je déteste ça, donc j'ai fait de l'escalade.

a b c d e f g h

écrire **3** Copie et complète les phrases.

1 Au centre de sport, Nabila a fait ... , mais sa sœur a joué ...
2 À la cafétéria, Sunita a mangé ... , mais Nabila ...
3 Dans les Alpes, Benjamin a fait ... et ...
4 Son frère a fait ... et ...

1 Mets les lettres dans le bon ordre et copie les phrases.

Exemple: **1** Ma meilleure copine est très marrante et assez ...

1 Ma meilleure copine est très **atrerman** et assez **payms.**
2 Mon meilleur copain est un peu **xésirue** et très **litlenegint.**
3 Ma copine Lisa est assez **susapeerse**, mais très **nuéségere.**
4 Mon copain Thomas est un peu **emidit** et assez **êutt.**
5 Ma petite copine est très **vaberad** et un peu **ostïegé.**
6 Mon petit copain est un peu **petisud**, mais très **nignom.**

> timide   égoïste   paresseuse   marrante   sympa   mignon
> têtu   stupide   intelligent   généreuse   bavarde   sérieux

2 Le petit copain de Marine et la petite copine de Farid sont comment? Écris des phrases.
What are Marine's boyfriend and Farid's girlfriend like? Write sentences.

Exemple: **1** Marine: Mon petit copain est très sympa et ..., mais un peu/assez ...

Marine   Farid

 3 Copie et complète les phrases.

Exemple: **1** À sept heures, j'ai pris une douche.

1 À sept heures, j'ai — — — — une douche.

2 Ensuite, j'ai — — un coca.

3 Puis, j'ai — — — — une promenade.

4 À huit heures, je suis — — — — dans ma chambre.

5 J'ai — — — — — — une série à la télé.

6 Après, j'ai — — un magazine de foot.

lire 1 Lis l'interview, puis copie et complète le portrait.

■ **Comment t'appelles-tu?**
● *Je m'appelle Guillaume Marchand, mais mon surnom, c'est Guigui.*

■ **Où habites-tu?**
● *J'habite à Pointe-à-Pitre, en Guadeloupe.*

■ **Tu es Guadeloupéen, alors?**
● *Oui, je suis de nationalité guadeloupéenne.*

■ **Et quelle est ta date de naissance?**
● *Je suis né le vingt-trois octobre 1985.*

■ **Quelle est ta profession?**
● *Comme métier, je suis mécanicien.*

■ **Es-tu marié?**
● *Non, pas encore! Je suis célibataire, mais j'ai une petite copine, Julie.*

■ **As-tu des frères et sœurs?**
● *Oui, j'ai un demi-frère, qui s'appelle Yanis, et une sœur, qui s'appelle Éléa.*

■ **Quels sont tes passe-temps?**
● *J'aime aller à la plage, faire de la natation, jouer au basket. Et j'adore danser dans les boîtes aussi!*

■ **Et finalement, ton caractère: tu es comment?**
● *Ma petite copine dit que je suis un peu timide et quelquefois un peu têtu, mais d'habitude je suis assez sympa.*

Prénom: *Guillaume*
Nom de famille:
Surnom:
Profession:
Nationalité:
Date de naissance:
Résidence:
Marié ou célibataire:
Frères et sœurs:
Passe-temps:
Caractère:

écrire 2 Écris un paragraphe sur Guillaume.

Exemple: Il s'appelle Guillaume Marchand, mais son surnom est … .
Il habite … . Sa nationalité est … .

écrire 3 Imagine que tu es Guillaume. Regarde ses passe-temps dans l'exercice 1. Qu'as-tu fait le week-end dernier? Écris un paragraphe avec ces verbes.

Je suis allé　　J'ai fait　　J'ai joué　　J'ai dansé

Exemple: Le week-end dernier, je suis allé à la plage avec ma petite copine, Julie. J'ai … Le samedi après-midi, … Le soir, …

lire **1** **Copie et complète les phrases.**

Exemple: **1** On y va comment, en France?

1 On y va comment, en  ?   **2** On y va en  ?

3 Non, on y va en  et en .

4 On arrive à à quelle heure?

5 On y arrive à  .   **6** On va à la  ?

7 Non, on va faire les !

Paris   magasins   ferry   avion   France   trois heures   voiture   Tour Eiffel

écrire **2** **Change les détails dans les phrases de l'exercice 1 et écris un dialogue.**

Exemple:
■ On y va comment, en Angleterre?
● On y va en train?

lire **3** **Relie les phrases qui riment.**
Match the sentences which rhyme.

Exemple: **1** f Je suis allé à Caen et c'était intéressant.

1 Je suis allé à Caen …   **a** … et c'était nul.
2 J'ai fait de l'aérobic …   **b** … et c'était chouette.
3 J'ai vu un film d'horreur …   **c** … et c'était fantastique.
4 J'ai fait une fête …   **d** … et c'était affreux.
5 J'ai dansé avec Abdul …   **e** … et c'était marrant.
6 J'ai mangé sur le balcon …   **f** … et c'était intéressant.

1 Lis l'e-mail et trouve les mots français.

Exemple: **1** je suis arrivé

⊠ 🖨 🗑 ⊷⊠ ⊠⇥
Boîte de réception   Messages envoyés   Brouillo
Salut Margaux!

Je suis arrivé à Paris hier soir, et je suis très fatigué aujourd'hui, parce que l'avion avait deux heures de retard à cause de problèmes à l'aéroport de Heathrow. Je suis arrivé à mon hôtel à minuit! Ce matin, je suis allé au musée d'Orsay pour voir les tableaux de mon artiste préféré, Claude Monet. C'était chouette et je suis resté deux ou trois heures dans le musée. Après, j'ai fait quelque chose de typiquement touristique – j'ai visité la Tour Eiffel! C'était intéressant, mais il y avait beaucoup d'autres touristes et la queue était très longue. J'ai acheté des cadeaux-souvenirs: un tee-shirt jaune pour ma sœur et une casquette noire pour mon frère. J'ai aussi envoyé une carte postale à ma mère.
Bises,
Amir

1 I arrived
2 two hours late
3 Heathrow Airport
4 paintings
5 my favourite artist
6 lots of other tourists
7 the queue was very long
8 a black baseball cap
9 I sent
10 a postcard

 2 Choisis le bon mot et copie la phrase correcte.

1 Il est arrivé à l'hôtel à *minuit / midi*.
2 Il a vu les tableaux de Monet *au musée d'Orsay / à la Tour Eiffel*.
3 Il est resté deux ou trois heures dans *l'hôtel / le musée*.
4 Il a aussi visité *la cathédrale de Notre-Dame / la Tour Eiffel*.
5 Il a acheté *une casquette / une chemise* noire pour son frère.
6 Il a envoyé *un e-mail / une carte postale* à sa mère.

 3 Imagine que tu es à Londres. Écris un e-mail à un copain français / une copine française. Adapte l'e-mail de l'exercice 1, si tu veux.

Exemple:

Salut!
Je suis arrivé(e) à Londres / mon hôtel
hier soir / à … heures.
Ce matin, je suis allé(e) à la Tour de Londres / au musée de Madame Tussaud / au Donjon de Londres.
C'était … Il y avait beaucoup de touristes. J'ai acheté …

1 Trouve la bonne fin pour chaque phrase.

1 Je m'appelle ...
2 Je suis ...
3 Mon collège commence à ...
4 À la maison, je passe ...
5 Je mets aussi ...
6 Le lundi, je sors ...
7 Je n'aime pas ...
8 Je me couche à ...

a ... l'aspirateur.
b ... français.
c ... la poubelle.
d ... vingt-deux heures.
e ... Christophe.
f ... aider mes parents.
g ... huit heures.
h ... la table.

2 Remplace les images par des mots.

Je m'appelle David et j'habite à Bordeaux. Tous les jours, je me lève à

 parce que mon  commence à huit heures.

Mon collège finit à  et puis je vais au parc avec mes

 . Le soir, je  et parfois je  .

Puis je regarde la  et je me couche à  .

3 Écris un paragraphe sur ta journée typique.

lire **1** Copie et complète la grille en anglais pour chaque personne.

	Name	Country	Work	Hours/Days	Money	Opinion
1						
2						
3						
4						

1 Je m'appelle Patrick et j'habite à la Côte d'Ivoire en Afrique. J'ai quatorze ans et le matin, je vais à l'école car je veux aller à l'université plus tard. Tous les jours, l'après-midi, je travaille au marché où j'aide les dames qui achètent des légumes. Je ne gagne pas beaucoup d'argent mais je le donne à ma mère. Pour moi, le travail est très important car j'aide ma famille.

2 Je m'appelle Sahlia et j'habite en Belgique. J'ai treize ans et je gagne de l'argent de poche de mes parents si j'aide un peu à la maison. Ils me donnent dix euros par semaine si je mets la table et vide le lave-vaisselle tous les jours. Je sors la poubelle une fois par semaine et quelquefois, je fais aussi du baby-sitting. J'aime aider à la maison parce qu'il y a six personnes dans ma famille et c'est trop de travail pour mes parents.

3 Je suis Louise, je suis galloise et j'ai quinze ans. Je travaille tous les matins pendant la semaine, de 6h à 7h30. Je me lève très tôt car je livre le lait avec mon oncle dans les rues près de chez moi. C'est ennuyeux et je suis souvent fatiguée le matin au collège. On me donne quatre livres sterling par jour. J'économise mon argent pour m'acheter un ordinateur.

4 Je m'appelle Bradley et j'habite en Angleterre. Le week-end, j'aide mes parents dans leur magasin où je travaille de 12h à 17h. C'est génial car j'aime bien rencontrer les gens dans le magasin. Mes parents ne me donnent pas d'argent mais ils paient mes vêtements et tout mon matériel scolaire. J'ai quatorze ans, mais à seize ans, je vais travailler dans le magasin à plein temps.

écrire **2** Réponds aux questions.

1 Combien d'argent reçois-tu par semaine?
2 Qu'est-ce que tu fais pour aider à la maison?
3 Aimes-tu aider à la maison? Pourquoi (pas)?
4 Quel travail voudrais-tu faire plus tard?

Grammaire

Glossary of grammatical terms

SECTION 1 Nouns and pronouns
1.1 Gender
1.2 Singular/plural
1.3 The definite article
1.4 The indefinite article
1.5 The partitive article
1.6 Subject pronouns
1.7 Relative pronouns

SECTION 2 Adjectives
2.1 Position of adjectives
2.2 Agreement of adjectives
2.3 Possessive adjectives
2.4 Comparatives and superlatives

SECTION 3 Verbs
3.1 The infinitive
3.2 The present tense
3.3 The present tense of regular **-er** verbs
3.4 The present tense of regular **-ir** and **-re** verbs
3.5 The present tense of irregular verbs
3.6 The present tense of reflexive verbs
3.7 Negatives
3.8 The imperative
3.9 Question forms
3.10 Verbs with the infinitive
3.11 The near future tense
3.12 The perfect tense
3.13 **C'était** and **il y avait**

SECTION 4 Structural features
4.1 Prepositions
4.2 Intensifiers
4.3 Connectives
4.4 **Depuis**
4.5 **Il faut**
4.6 The pronoun **y**

SECTION 5 Extras
5.1 The alphabet
5.2 Accents
5.3 Numbers
5.4 Days
5.5 Dates
5.6 Times

VERB TABLES
Regular verbs (**-er**, **-ir** and **-re**)
Reflexive verbs
Key irregular verbs
(**aller, avoir, être, faire, pouvoir, vouloir, boire, prendre, devoir, voir, lire, dire**)

Glossary of grammatical terms

Examples for each term are given in *italics*.

adjective   a describing word (*rouge*, *petite*, *intéressants*). The words for 'my', 'your', etc. are **possessive adjectives**.

adverb   a word used to describe an action (*vite*, *souvent*)

article   the word 'a', 'some' or 'the' before a noun (*un/une/des*, *le/la/les*)

connective   a word used to join phrases or sentences (*mais*, *parce que*)

gender   tells you whether a noun is masculine or feminine (*un crayon* is masculine, *une gomme* is feminine)

imperative   the verb form you use when you are telling someone to do something (*copie et complète*; *levez-vous*)

infinitive   the original, unchanged form of the verb, which you find in the dictionary (*parler* 'to speak', *avoir* 'to have')

intensifier   a word or phrase placed before an adjective to make it stronger or weaker (*très*, *un peu*)

irregular verb	a verb which does not follow the set rules of the main verb types but has its own pattern (*faire, être*)
noun	a word which names a thing or a person (*stylo, mère*)
plural	referring to more than one person or item (*les chats, nous, trois pommes*)
preposition	a word used to show where someone or something is (*sur, à,* etc.) or to show possession (*de*)
pronoun	a word which stands in place of a noun (*elle, tu*) A **subject pronoun** tells you who or what does the action.
reflexive verb	a verb which includes a pronoun before the verb (*se coucher*)
regular verb	a verb which follows the rules/pattern of the main verb types (*-er* verbs, *-ir* verbs, *-re* verbs)
singular	referring to only one person or item (*un oiseau, tu*)
tense	relating to verbs, showing when the action takes place (e.g. the present tense, the perfect tense)
verb	a word used to say what is being done or what is happening (*acheter, être*)

SECTION 1 Nouns and pronouns

1.1 Gender

A noun is a word which names a thing or a person.

In French, all nouns are masculine or feminine.

Masculine	Feminine
le sandwich	la pizza
un sandwich	une pizza

For most nouns, you have to learn the gender when you learn the new word.
In the dictionary, you will see (m) or (f) after the noun.

> Copy these nouns and use the glossary to find out if they are masculine or feminine.
>
> **1** film   **4** livre   **7** tête   **10** douche
> **2** comédie   **5** magazine   **8** natation
> **3** histoire   **6** bras   **9** avion

As in English, some job nouns change to show the gender of the person doing them:
serveur – *waiter*
serveuse – *waitress*

Some jobs don't change:

Il est profess**eur**.   *He is a teacher.*
Elle est profess**eur**.   *She is a teacher.*

Choose the right form of each noun.
1 Elle est *infirmier / infirmière*.
2 Il est *joueur / joueuse* de tennis.
3 Elle est *acteur / actrice*.
4 Il est *mécanicien / mécanicienne*.
5 Elle est *danseur / danseuse*.

1.2 Singular/plural

A noun is singular if it refers to only one person or thing, and plural if it refers to more than one.

Most nouns form their plural by adding **-s**.
la ville (singular) → les ville**s** (plural)

Words ending in **-eu** and **-eau** add **-x**.   un château → des châteaux
Words ending in **-al** change to end in **-aux**.   un animal → des animaux

Make these plural.
1 famille → deux _____
2 match → trois _____
3 jeu → quatre _____
4 maison → cinq _____
5 oiseau → six _____

1.3   The definite article

The definite article is *the*. There are three words for *the* in French:
le (before masculine words)   **le** sandwich
la (before feminine words)   **la** pizza
les (before plural words)   **les** sandwichs, **les** pizzas
le and **la** become l' before a vowel or **h**   **l'**omelette

You use the definite article before nouns when talking about likes and dislikes.
Je n'aime pas **le** sport.   *I don't like sport.*

1.4   The indefinite article

The indefinite article is *a* (or *some* in the plural). There are two words for *a* in French:

un (before masculine nouns)   **un** village – *a village*
une (before feminine nouns)   **une** ville – *a town*
des (before plural nouns)   **des** villages – *(some) villages*

Why did my French friend write: 'My father is mechanic'?

When you are talking about jobs people do, you do not use the indefinite article.
Mon père est mécanicien.

Copy the following and add **un** or **une** if necessary.
1 J'ai _____ sœur.
2 Ma mère est _____ infirmière.
3 Est-ce que tu as _____ chat?
4 Ton père est _____ chauffeur de camion?
5 J'habite dans _____ petite maison.

1.5 The partitive article

The partitive article is used when talking about a quantity of something, and means *some*.

Use:

du (before masculine nouns)	**du** coca	*some Coke*
de la (before feminine nouns)	**de la** limonade	*some lemonade*
des (before plural nouns)	**des** chips	*some crisps*
de l' (before nouns which begin with a vowel or **h**)	**de l'**Orangina	*some Orangina*

Fill in the right word(s) for *some*.

1 _____ fromage (m)
2 _____ salade (f)
3 _____ exercice (m)
4 _____ films d'horreur (m pl)
5 _____ travail (m)

1.6 Subject pronouns

A pronoun stands in place of a noun in a sentence. Subject pronouns tell you who or what does the action.

je	*I*
tu	*you* (child, young person, someone you know well)
il	*he, it* (masculine noun)
elle	*she, it* (feminine noun)
on	*we, one*
nous	*we*
vous	*you* (more than one person, someone you don't know well)
ils	*they* (males/mixed group/masculine nouns)
elles	*they* (females/feminine nouns)

Je shortens to **j'** in front of a vowel or silent **h**:
j'achète, j'habite

1.7 Relative pronouns

Relative pronouns join two sentences. **Qui** is a relative pronoun. It means *who* or *which*.

J'ai une chambre. **Elle** est petite. → J'ai une chambre **qui** est petite.
I have a bedroom. ***It** is small.* → *I have a bedroom **which** is small.*

SECTION 2 Adjectives

2.1 Position of adjectives

Most adjectives come **after** the noun they are describing.
une veste **rouge**   a **red** jacket

Some short common adjectives come before the noun:
petit   grand   nouveau   bon   joli

un **grand** livre rouge   a **big** red book

> Unjumble the phrases.
> 1 paresseuse fille une
> 2 bleus les yeux
> 3 grande maison une
> 4 noir chien petit un
> 5 nouveau un film intéressant

2.2 Agreement of adjectives

Adjectives change according to whether the noun being described is masculine or feminine, singular or plural. This is called 'agreement'.

For feminine, add **-e**   →   une veste vert**e**
For masculine plural, add **-s**   →   des pulls noir**s**
For feminine plural, add **-es**   →   des chaussures bleu**es**

Some adjectives are **irregular**: they follow their own pattern. Other adjectives with the same ending work in the same way.

Singular		Plural		Meaning
Masculine	Feminine	Masculine	Feminine	
blanc	blanche	blancs	blanches	*white*
tunisien	tunisienne	tunisiens	tunisiennes	*Tunisian*
mignon	mignonne	mignons	mignonnes	*sweet, cute*
nul	nulle	nuls	nulles	*awful, rubbish*
ennuyeux	ennuyeuse	ennuyeux	ennuyeuses	*boring*
jaloux	jalouse	jaloux	jalouses	*jealous*
nouveau	nouvelle	nouveaux	nouvelles	*new*
gros	grosse	gros	grosses	*fat*
sympa	sympa	sympas	sympas	*nice, kind*

> *Why have I never seen **cool** with an -e on the end?*

Some adjectives are **invariable**: they never change.
marron   cool   super

une veste **cool**   des baskets **cool**

2.3 Possessive adjectives

The words for *my*, *your*, etc. change according to whether the noun owned or possessed is masculine, feminine or plural:

	Masculine nouns	Feminine nouns	Plural nouns
my	**mon** professeur	**ma** classe	**mes** copains
your (tu)	**ton** professeur	**ta** classe	**tes** copains
his or *her*	**son** professeur	**sa** classe	**ses** copains
our	**notre** professeur/classe		**nos** copains
your (vous)	**votre** professeur/classe		**vos** copains
their	**leur** professeur/classe		**leurs** copains

For singular nouns beginning with a vowel or **h**, you use **mon**, **ton** or **son**.
Mon amie s'appelle Sophie.   *My friend is called Sophie.*

There is no **'s** in French. You show possession by using the pronoun **de** or **d'**.

*Why do you use the feminine **sa** when you want to say* his sister *and the masculine **son** when you want to say* her father?

Because **son**, **sa** and **ses** can all mean both *his* and *her*. It's the **noun** which decides which one you use. If the noun is masculine singular, you use **son**. If the noun is feminine singular, you use **sa**.

son père   *his father* or *her father*
sa sœur   *his sister* or *her sister*

2.4 Comparatives and superlatives

Adjectives can be used to compare nouns with each other:
*Sally is **nice**, Tom is **nicer**, Louise is **the nicest**.*

To compare two nouns, use:
plus ... que   *more ... than*
moins ... que   *less ... than*

Tom est **plus** sympa **que** Sally.

Sally est **moins** sympa **que** Tom.

Les films sont **plus** intéressants **que** les émissions de sport.

La jupe rouge est **moins** chère **que** la jupe bleue.

Tom is nicer than Sally.

Sally is less nice than / not as nice as Tom.

*Films are **more** interesting **than** sports programmes.*

*The red skirt is **less** expensive **than** the blue skirt. / The red skirt is cheaper than the blue skirt.*

Write a sentence comparing the two nouns, using **plus** or **moins**.

1 Bart Simpson (intelligent) Lisa Simpson – *Bart Simpson est moins intelligent que Lisa Simpson.*

2 *EastEnders* (intéressant) *Coronation Street*

3 Britney Spears (grande) Kylie Minogue

4 Marge Simpson (sympa) Homer Simpson

5 Ma petite copine (mignonne) ta petite copine

The superlative is used when you want to say *the biggest, the most interesting*, etc.

For adjectives which come before the noun:

C'est **le plus grand** pays d'Europe.

*It's **the biggest** country in Europe.*

For adjectives which come after the noun:

C'est **la** matière **la plus intéressante**.

*It's **the most interesting** subject.*

SECTION 3 Verbs

3.1 The infinitive

When you look up a verb in the dictionary, you find its original, unchanged form, which is called the **infinitive: habiter** (*to live*), **avoir** (*to have*), etc.

Most infinitives end in **-er**, **-ir** or **-re**.

3.2 The present tense

The present tense is used:
- to describe what is happening **now**
- to describe what **usually** happens.

I am reading this book.

I read a book every day.

There is only one present tense in French:

je mange   *I eat or I am eating*

3.3 The present tense of regular -er verbs

To use a verb in the present tense, you must change the infinitive according to a set of rules. You need to learn these rules by heart.

-er verbs are the most common type of verb. They change their endings like this:

trouver   *to find*

je trouve	*I find*	**nous** trouv**ons**	*we find*
tu trouve**s**	*you find*	**vous** trouv**ez**	*you find*
il/elle/on trouve	*he/she/one finds*	**ils/elles** trouv**ent**	*they find*

Write out these sentences with the correct form of the verbs.

1 J'_____ (aimer) les BD.
2 Nous _____ (acheter) des CD.
3 Il _____ (manger) une glace au chocolat.
4 On _____ (écouter) de la techno.
5 Vous _____ (préférer) les séries policières.
6 Elles _____ (jouer) à l'ordinateur.
7 Tu _____ (regarder) un film de science-fiction?
8 Je _____ (détester) les émissions de télé-réalité.
9 Elle _____ (travailler) dans le jardin.
10 Il _____ (adorer) le foot.

3.4 The present tense of regular -*ir* and -*re* verbs

There are two other types of regular verb: **-ir** verbs and **-re** verbs.

-ir verbs change their endings like this:

finir	to finish
je finis	I finish
tu finis	you finish
il/elle/on finit	he/she/one finishes
nous finissons	we finish
vous finissez	you finish
ils/elles finissent	they finish

-re verbs change their endings like this:

vendre	to sell
je vends	I sell
tu vends	you sell
il/elle/on vend	he/she/one sells
nous vendons	we sell
vous vendez	you sell
ils/elles vendent	they sell

3.5 The present tense of irregular verbs

Some verbs follow their own pattern. They are called irregular verbs. Here are the most common irregular verbs.

avoir means *to have*

j'**ai**	nous **avons**
tu **as**	vous **avez**
il/elle/on **a**	ils/elles **ont**

Some French expressions use **avoir** (*to have*), even though English uses *to be*.

avoir ... ans	to be ... years old
avoir chaud	to be hot
avoir froid	to be cold
avoir faim	to be hungry
avoir soif	to be thirsty

Quel âge **as**-tu?	How old are you?
J'**ai** treize ans.	I'm thirteen.
J'**ai** chaud et j'**ai** soif.	I'm hungry and thirsty.

You also use **avoir** to say what part of your body hurts.

J'**ai** mal à la tête.	I've got a headache.

Complete these sentences using the correct form of **avoir**.

1 Il _____ treize ans.
2 J'_____ mal à la gorge.
3 Tu _____ faim?
4 Nous _____ froid.
5 Elle _____ quatorze ans.

être means *to be*

je **suis**	nous **sommes**
tu **es**	vous **êtes**
il/elle/on **est**	ils/elles **sont**

Complete these sentences using the correct form of **être**.

1 Je _____ fatiguée.
2 Elle _____ malade.
3 Mes copains _____ marrants.

4 Nous _____ paresseux.
5 Ils _____ grands.

aller means *to go*

je **vais**	nous **allons**
tu **vas**	vous **allez**
il/elle/on **va**	ils/elles **vont**

Complete these sentences with the correct form of **aller**.

1 On _____ en boîte.
2 Tu _____ au centre de sport?
3 Nous _____ au cinéma.

4 Je _____ en Espagne.
5 Il _____ à la pêche.

faire means *to do* or *to make*

je **fais**	nous **faisons**
tu **fais**	vous **faites**
il/elle/on **fait**	ils/elles **font**

In some expressions, though, in English, we would use *to go*.
Je **fais** de la voile.   *I go sailing.*

Complete these sentences with the correct form of **faire**. Then translate each sentence into English.

1 Je _____ du kickboxing.
2 Ma mère _____ du ski.
3 Ils _____ un gâteau.

4 Nous _____ les magasins.
5 Qu'est-ce que tu _____?

3.6 Reflexive verbs

Reflexive verbs are verbs which include an extra pronoun (before the verb). The infinitive of a reflexive verb has the pronoun **se**.

se réveiller	*to wake up*	se doucher	*to shower*
se laver	*to get washed*	s'habiller	*to get dressed*
se coucher	*to go to bed*	se brosser les dents	*to brush your teeth*
se lever	*to get up*		

je **me lève**	nous **nous levons**
tu **te lèves**	vous **vous levez**
il/elle/on **se lève**	ils/elles **se lèvent**

Write these sentences out in the correct order.
1 douches tu te
2 nous habillons nous
3 couche à heures me dix je
4 se dents il les brosse
5 réveille sept on à se heures

Why do reflexive verbs have an extra pronoun, but other verbs don't?

It's because reflexive verbs are usually things you do to **yourself**.

Je me lave.   *I wash (**myself**).*
Il se couche.   *He goes to bed (puts **himself** to bed).*

3.7 Negatives

To make a sentence negative, put **ne … pas** round the verb to form a sandwich.
Je **ne** vais **pas** à Paris.   *I am **not** going to Paris.*

Ne shortens to **n'** before a vowel or **h.**
Elle **n'**aime **pas** le prof.   *She doesn't like the teacher.*

Other negatives work in the same way. They form a sandwich around the verb.
ne … jamais   *never*
ne … rien   *nothing*
ne … plus   *no more, no longer*

Je **ne** regarde **jamais** *EastEnders*.   *I never watch EastEnders.*
Je **ne** mange **rien.**   *I eat nothing. / I'm not eating anything.*
Je **ne** fume **plus**.   *I don't smoke any more.*

Use the expressions to make the sentences negative.
1 (ne … pas) Je mange beaucoup de fruits.
2 (ne … jamais) Je vais à la gym.
3 (ne … rien) Je bois.
4 (ne … plus) Je travaille.
5 (ne … pas) J'aime les légumes.

What about making a sentence negative when it has more than one verb?

When there are two verbs in a sentence, the **ne … pas** forms a sandwich round the first verb.

Je **ne** veux **pas** aller à Paris.
I don't want to go to Paris.

Add **ne … pas** to make the sentences negative.
1 On va visiter le palais.
2 Je vais quitter le collège.
3 Je veux être chauffeur de camion.
4 On peut travailler à l'étranger.
5 Vous regardez la télé.

3.8 The imperative

The imperative is the verb form you use when you are telling someone to do something. Instructions in *Expo* use the imperative.

Copie et **complète**.　　　　　　*Copy and complete.*

Your teacher uses the imperative when asking the class to do something.

Écoutez!　　　　　　　　*Listen!*

Regardez!　　　　　　　*Look!*

When talking to someone you call **tu**, the imperative is the **tu** form of the verb, without the word **tu**.

Fais de l'exercice!　　　　*Do some exercise!*

With **-er** verbs, the final **-s** is dropped from the verb.

Mange moins gras!　　　　*Eat less fatty food!*

When using **vous**, the imperative is the **vous** form of the verb, without the word **vous**.

Buvez beaucoup d'eau!　　*Drink a lot of water!*

Ne **fumez** pas!　　　　　　*Don't smoke!*

Put these sentences into the **tu**-form imperative.

1 Tu écoutes le professeur. → *Écoute le professeur!*　**4** Tu finis tes devoirs.

2 Tu regardes le tableau.　**5** Tu prends un stylo.

3 Tu ouvres ton livre.

Put these sentences into the **vous**-form imperative.

1 Vous mangez des fruits. → *Mangez des fruits!*　**4** Vous visitez la cathédrale de Rouen.

2 Vous dormez huit heures par nuit.　**5** Vous goûtez le fromage.

3 Vous faites du sport.

3.9 Question forms

There are three ways to ask a question in French:

- The easiest way is to say a sentence, but make your voice go up at the end (i.e. using rising intonation).

  Tu viens?　　　　　　*Are you coming?*

- The second way is to use **Est-ce que** at the start of a sentence.

  Est-ce que tu viens?　*Are you coming?*

- The third way is to turn round the verb and the pronoun. This is called **inversion.**

  As-tu un animal?　　*Do you have a pet?*

  As-tu fini?　　　　　*Have you finished?*

  As-tu choisi?　　　　*Have you chosen?*

First, try using your voice to make each of these statements into a question. Then write them out as questions, using **Est-ce que … ?** in the first two and inversion in the last three.

1 Tu as des frères et sœurs.　**4** Tu as fait du ski.

2 Tu as vu *Shrek*.　**5** Tu veux du chocolat.

3 Tu aimes les carottes.

Common question words

où	*where*	comment	*how*
quand	*when*	pourquoi	*why*
qui	*who*	à quelle heure	*(at) what time*

The question words are often combined with **est-ce que**.

Où est-ce que tu vas?   *Where are you going?*

Sometimes, inversion is used.

Comment voyages-tu?   *How are you travelling?*

Qu'est-ce que ...? means *What ...?* You cannot use **est-ce que** or inversion with this expression.

Qu'est-ce que tu fais?   *What are you doing?*

Quel ...? is an adjective, meaning *Which ...?* Like other adjectives, it changes according to whether the noun it refers to is masculine, feminine, singular or plural.

Quel livre?	*Which book?*
Quelle émission?	*Which programme?*
Quels bonbons?	*Which sweets?*
Quelles baskets?	*Which trainers?*

> Write out as questions using **est-ce que/qu'est-ce que** or the inversion method as appropriate.
>
> **1** (quand) + tu vas au collège?
> **2** (à quelle heure) + ton collège finit?
> **3** (qu'est-ce que) + tu vas faire dans la vie?
> **4** (pourquoi) + tu portes une uniforme scolaire?
> **5** (comment) + tu vas au collège?

*Why have I sometimes seen an extra **t** in a question?*

An extra **t** is added in between two vowels to help with pronunciation.

Thierry Henry, joue-t-il pour Liverpool?
Does Thierry Henry play for Liverpool?

3.10 Verbs with the infinitive

If there are two different verbs in a row in a sentence, the second verb is an infinitive.

J'aime **jouer** au foot.	*I like playing football.*
Je déteste **ranger** ma chambre.	*I hate tidying my bedroom.*

These three verbs are always followed by the infinitive:

devoir	*to have to*	je dois	*I must*
pouvoir	*to be able to*	je peux	*I can*
vouloir	*to want to*	je veux	*I want to*

Je **dois** rester à la maison.	*I must stay at home.*
Je **veux** être riche.	*I want to be rich.*

You use **on peut** followed by the infinitive to say what you can do.

On peut parrainer un enfant.   *You can sponsor a child.*

Put these sentences into an order that makes sense and underline the infinitive in each one. Then translate each sentence into English.

1 regarder je film veux le
2 les regarder j'adore comédies
3 faire sport je dois du
4 peux en travailler je Europe
5 légumes déteste les je manger
6 aller boîte ne je pas peux en
7 ne je l'université pas veux aller à
8 au dois uniforme je porter collège une
9 peut au gouvernement écrire on
10 d'argent on donner plus peut

Je voudrais means *I would like*. It comes from the verb **vouloir**. It can be followed by a noun or by the infinitive of another verb.

Je **voudrais une chambre** avec douche.
Je **voudrais nager** dans la piscine.

I'd like a room with a shower.
I'd like to swim in the pool.

Write these sentences out in the correct order.

1 voudrais chambre avec je balcon une
2 deux je personnes chambre pour voudrais une
3 la sur je mer vue chambre une avec voudrais
4 faire voudrais la je natation de
5 télé dans la regarder chambre voudrais ma je

3.11 The near future tense

You can talk about the future by using the near future tense (**le futur proche**).

Use part of the verb **aller** followed by the infinitive to say what you are going to do.
Ce soir, je **vais regarder** la télé.   *This evening, I **am going to watch** TV.*

Write the verb in the near future tense to complete each sentence. You may need to look up the irregular verb **aller** on page 145.

1 Samedi, on (manger) au fast-food.
   → *Samedi, on va manger au fast-food.*
2 Tu (jouer) au flipper demain?
3 À l'avenir, je (être) riche.
4 Mon frère (faire) le tour du monde.
5 Mes parents (avoir) une belle voiture.
6 Nous (habiter) à l'étranger.
7 Ce soir, je (finir) mes devoirs.
8 Justine (travailler) en France.
9 On (aller) au match France-Angleterre.
10 Tu (rencontrer) la partenaire de tes rêves.

3.12 The perfect tense

The perfect tense (**le passé composé**) is used to talk about the past.

j'ai joué   *I played / I have played*

The perfect tense has two parts:
1 part of the verb **avoir** (or **être**)
2 the past participle

To form the past participle of regular **-er** verbs:
take off **-er** and add **-é**
j'ai regardé   *I watched*

Regular **-ir** verbs have a past participle ending in **i**.

finir → j'ai **fini**

choisir → j'ai **choisi**

Regular **-re** verbs have a past participle ending in **u**.

attendre → j'ai **attendu**

vendre → j'ai **vendu**

Write each verb in the perfect tense. For each one, you need part of **avoir** and the correct past participle.

1 Je (regarder) *Spider-Man* en DVD hier.
   → *J'ai regardé Spider-Man en DVD hier.*
2 Nous (jouer) au basket samedi.
3 Elle (manger) avec ses copines.
4 Ils (parler) dans le jardin.
5 Jean (préparer) le dîner.
6 Tu (retrouver) tes copains en ville?
7 Mes parents (visiter) la cathédrale.
8 Qu'est-ce que tu (acheter)?
9 Nous (finir) nos devoirs.
10 On (attendre) le bus devant le cinéma.

Past participles of irregular verbs

These need to be learned by heart:

infinitive	meaning	past participle
faire	*to do*	fait
boire	*to drink*	bu
lire	*to read*	lu
voir	*to see*	vu
prendre	*to take*	pris
dire	*to say*	dit

Fill in a perfect tense verb from the irregular verbs above which makes sense.

1 J'____ ____ un livre de science-fiction.
2 Nous ____ ____ des photos.
3 Karim ____ ____ un film d'horreur.
4 Tu ____ ____ «au revoir» à ta mère?
5 Ils ____ ____ de la natation et du judo.
6 Vous ____ ____ du vin ou du coca?
7 J'____ ____ le train de dix heures trente.
8 Elle ____ ____ une promenade dans le parc.
9 Nous ____ ____ Bruno dans le jardin.
10 Elles ____ ____ un Orangina, au café.

The perfect tense with *être*

There are 13 'unlucky' verbs which form their perfect tense with **être**, not **avoir**.

je **suis allé(e)**   *I have gone, I went*

il **est resté**   *he has stayed, he stayed*

infinitive	meaning	*je suis* + past participle
aller	*to go*	je suis allé(e)
venir	*to come*	je suis venu(e)
arriver	*to arrive*	je suis arrivé(e)
partir	*to leave*	je suis parti(e)
entrer	*to enter*	je suis entré(e)
sortir	*to go out*	je suis sorti(e)
naître	*to be born*	je suis né(e)
mourir	*to die*	je suis mort(e)
rester	*to stay*	je suis resté(e)
tomber	*to fall*	je suis tombé(e)

infinitive	meaning	je suis + past participle
descendre	*to go down*	je suis descendu(e)
monter	*to up, climb*	je suis monté(e)
rentrer	*to go back, return*	je suis rentré(e)

The 13 **être** verbs are *really* unlucky because the past participle has to agree with the subject of the sentence:

- add **-e** for feminine singular   elle est all**ée**   *she went*
- add **-s** for masculine or mixed plural   nous sommes all**és**   *we went*
- add **-es** for feminine plural   elles sont all**ées**   *they went*

> Write these in full. If the subject is **je**, look out for whether it's a boy or a girl and make the past participle agree.
>
> **1** (rester) (*girl*)   Je _____ _____ à la maison.
> **2** (aller) (*boy*)   Je _____ _____ à la pêche.
> **3** (partir)   Il _____ _____ à trois heures et demie.
> **4** (arriver)   Elle _____ _____ à midi.
> **5** (sortir) (*boy*)   Je _____ _____ hier soir.

The perfect tense in the negative

The **ne … pas** forms a sandwich round the auxiliary verb (**avoir** or **être**).

J'ai visité la cathédrale.   → Je **n'ai pas** visité la cathédrale.
Je suis allée en ville.   → Je **ne suis pas** allée en ville.

> Make these negative using **ne … pas**.
>
> **1** J'ai écouté la radio dans ma chambre.
> **2** Nous avons joué au foot.
> **3** Thomas a vu *Les visiteurs*.
> **4** Tu as fini ton magazine de foot?
> **5** On a pris le bus.
> **6** Mes parents ont attendu le taxi.
> **7** Je suis allé au match de rugby.
> **8** Elle est restée dans sa chambre.
> **9** Ils sont arrivés hier.
> **10** Nous sommes partis samedi.

3.13 *C'était* and *il y avait*

You can use these key phrases when describing things in the past and giving opinions:

c'était   *it was*   il y avait   *there was/were*

J'ai vu une comédie. C'était marrant.   *I saw a comedy. It was funny.*
Il y avait beaucoup de monde à la fête.   *There were a lot of people at the party.*

SECTION 4 Structural features

4.1 Prepositions

Prepositions are words which tell us **where** someone or something is.

dans	*in*		sous	*under*
devant	*in front of*		à	*at, to* or *in* (with name of town)
derrière	*behind*		en	*to* or *in* (with name of country)
sur	*on*			

In/at/to places

When you want to say *in* or *to* with the name of a town or country, use:
- **à** before the name of a town   Elle habite **à** Paris.
- **en** before the name of most countries   Il va **en** France.
- **au** before the name of masculine countries   J'habite **au** Canada.
- **aux** before the name of plural countries   On va **aux** États-Unis.

Complete the sentences with the right word for *in* or *to*.
1 J'habite _____ France.
2 On va aller _____ Paris.
3 Mon frère est allé _____ Maroc.
4 Tu es allée _____ États-Unis?
5 Ma famille va aller _____ Espagne.

de

Some prepositions are followed by **de**.
à coté **de**   *next to*   près **de**   *near*   en face **de**   *opposite*

If **de** comes before **le**, they join up to become **du**.
à côté **du** cinéma   *next to the cinema*

If **de** comes before **les**, they join up to become **des**.
près **des** magasins   *near the shops*

After expressions of quantity, you always use **de**:
un kilo **de** pommes   *a kilo of apples*
une bouteille **de** coca   *a bottle of Coke*

The verb **faire** is followed by **de** when you are talking about doing certain types of sport. It can also be used when you would say in English *I go (swimming)*, etc.

Je **fais du** canoë. (**de** + **le**)   *I go canoeing.*
Je **fais de la** natation.   *I go swimming.*
Je **fais de l'**escalade.   *I go climbing.*

à

à means *to* or *at*.

If **à** comes before **le**, they join up to become **au.**
Je suis **au** cinéma.   *I am **at the** cinema.*
Je vais **au** cinéma.   *I go **to the** cinema.*

If **à** comes before **les**, they join up to become **aux.**
Il va **aux** magasins.   *He goes **to the** shops.*

The verb **jouer** is followed by **à** when you are talking about playing a sport or game.

Je **joue au** volley. (**à** + **le**)   *I play volleyball.*
Je **joue à l'**ordinateur.   *I play on the computer.*
Je **joue aux** jeux vidéo. (**à** + **les**)   *I play video games.*

4.2 Intensifiers

Intensifiers are words placed before adjectives to make them stronger or weaker.

très	*very*	trop	*too*
assez	*quite*	vraiment	*really*
un peu	*a bit*		

Le français est **très** intéressant.   *French is **very** interesting*
C'est **trop** cher.   *It's **too** expensive.*

4.3 Connectives

Connectives are used to join up phrases and sentences.

et	*and*	quand	*when*	où	*where*
mais	*but*	si	*if*	pourtant	*however*
parce que	*because*	ou	*or*	puisque	*as, since*
car	*because*	donc	*so, therefore*	comme	*as, since*
puis	*then*	qui	*who, which*		

Complete the sentences with the connective indicated in brackets.
1 (*when*) _____ il pleut, je reste à la maison.
2 (*if*) _____ je vais en France, je prends le train.
3 (*so*) J'adore les frites, _____ je mange souvent chez Macdonald.
4 (*because*) Je ne vais pas en boîte, _____ je suis malade.
5 (*who*) J'ai un petit copain _____ est très mignon.

4.4 *Depuis*

The word **depuis** is used to say how long something has been happening

Why does my French penfriend say 'I live here since five years'?

It's because **depuis** is used with the present tense in French.

J'habite ici **depuis** cinq ans.
*I **have lived** here **for** five years.*
Elle **est** absente **depuis** trois mois.
*She **has been** absent **for** three months.*

4.5 *Il faut*

Il faut means *it is neccessary to, you must.* It is followed by the infinitive.
Il faut écouter le professeur.   *You must listen to the teacher.*

4.6 The pronoun *y*

The pronoun **y** means *there* and is used instead of the name of a place. It goes in front of the verb.

On va à Paris demain.   *We're going to Paris tomorrow.*
On **y** va demain.   *We're going there tomorrow.*

Je shortens to **j'** in front of **y**.

J'y vais en avion.   *I'm going there by plane.*

Take the underlined word or words out of these sentences and put **y** in front of the verb instead.

1 On va <u>à Londres</u> le week-end prochain.
2 On arrive <u>en Angleterre</u> à deux heures trente.
3 Je vais <u>au cinéma</u> en voiture.
4 Je vais <u>aux magasins</u> samedi.
5 J'arrive <u>à la gare</u> à midi.

SECTION 5 Extras

5.1 The alphabet

Here is a rough guide to how the letters of the alphabet sound in French:

A	AH	H	ASH	O	OH	V	VAY
B	BAY	I	EE	P	PAY	W	DOOBL-VAY
C	SAY	J	GEE	Q	COO	X	EEX
D	DAY	K	KAH	R	ERR	Y	EE-GREK
E	EUH	L	ELL	S	ESS	Z	ZED
F	EFF	M	EM	T	TAY		
G	DJAY	N	EN	U	OO		

5.2 Accents

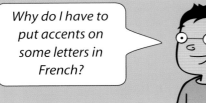

Why do I have to put accents on some letters in French?

It is very important to remember accents when you are writing in French. They show you how to pronounce the vowels on which they appear.

é   an **acute accent** (un **accent aigu**)   Acute accents only occur on the letter **e**.
è   a **grave accent** (un **accent grave**)   Grave accents can occur on the letters **a**, **e** or **u**.

ê   a **circumflex** (un **accent circonflexe**)   You can find a circumflex on **a**, **e**, **i**, **o** or **u**.
ç   a **cedilla** (une **cédille**)   Cedillas only occur on the letter **c**.

5.3 Numbers

1	un	11	onze	21	vingt et un	81	quatre-vingt-un
2	deux	12	douze	22	vingt-deux	82	quatre-vingt-deux
3	trois	13	treize	30	trente	90	quatre-vingt-dix
4	quatre	14	quatorze	40	quarante	91	quatre-vingt-onze
5	cinq	15	quinze	50	cinquante	92	quatre-vingt-douze
6	six	16	seize	60	soixante	100	cent
7	sept	17	dix-sept	70	soixante-dix	101	cent un
8	huit	18	dix-huit	71	soixante et onze	200	deux cents
9	neuf	19	dix-neuf	72	soixante-douze	1.000	mille
10	dix	20	vingt	80	quatre-vingts	2.000	deux mille

5.4 Days

In French, days of the week and months do not begin with a capital letter.

lundi	*Monday*	jeudi	*Thursday*	samedi	*Saturday*
mardi	*Tuesday*	vendredi	*Friday*	dimanche	*Sunday*
mercredi	*Wednesday*				

lundi	*on Monday*
le lundi/tous les lundis	*every Monday, on Mondays*
lundi matin/après-midi/soir	*on Monday morning/afternoon/evening*

5.5 Dates

janvier	*January*	mai	*May*	septembre	*September*
février	*February*	juin	*June*	octobre	*October*
mars	*March*	juillet	*July*	novembre	*November*
avril	*April*	août	*August*	décembre	*December*

le 12 février	*on the 12th of February*
On va en France **le 3 août**.	*We are going to France **on the 3rd of August**.*
le premier mai	*the 1st of May*

5.6 Times

sept **heures**	*seven **o'clock***
sept heures **dix**	***ten past** seven*
sept heures **et quart**	***quarter past** seven*
sept heures **et demie**	***half past** seven*
sept heures **quarante-cinq**	*seven **forty-five***
huit heures **moins le quart**	***quarter to** eight*
midi/minuit	*12 midday/midnight*

The 24-hour clock is used much more frequently in French than it is in English:

neuf heures vingt	*9.20 a.m.*
quinze heures quinze	*3.15 p.m.*
vingt heures quarante-cinq	*8.45 p.m.*

Quelle heure est-il?	*What time is it?*
Il est neuf heures.	***It's** nine o'clock.*
à dix heures	*at nine o'clock*

Verb tables

Regular verbs

-er verbs		-ir verbs	-re verbs
jouer	*to play*	**finir** (*to finish*)	**attendre** (*to wait for*)
je joue	*I play*	je finis	j'attends
tu joues	*you play*	tu finis	tu attends
il/elle/on joue	*he/she/one plays*	il/elle/on finit	il/elle/on attend
nous jouons	*we play*	nous finissons	nous attendons
vous jouez	*you play*	vous finissez	vous attendez
ils/elles jouent	*they play*	ils/elles finissent	ils/elles attendent
Perfect: j'ai joué		*Perfect*: j'ai fini	*Perfect*: j'ai attendu

Reflexive verbs	
se lever (*to get up*)	**se coucher** (*to go to bed*)
je me lève	je me couche
tu tu lèves	tu te couches
il/elle/on se lève	il/elle/on se couche
nous nous levons	nous nous couchons
vous vous levez	vous vous couchez
ils/elles se lèvent	ils/elles se couchent
Perfect: je me suis levé(e)	*Perfect*: je me suis couché(e)

Key irregular verbs

aller (*to go*)	avoir (*to have*)	être (*to be*)
je vais	j'ai	je suis
tu vas	tu as	tu es
il/elle/on va	il/elle/on a	il/elle/on est
nous allons	nous avons	nous sommes
vous allez	vous avez	vous êtes
ils/elles vont	ils/elles ont	ils/elles sont
Perfect: je suis allé(e)	*Perfect*: j'ai eu	*Perfect*: j'ai été
faire (*to do/make*)	**pouvoir** (*to be able to*)	**vouloir** (*to want to*)
je fais	je peux	je veux
tu fais	tu peux	tu veux
il/elle/on fait	il/elle/on peut	il/elle/on veut
nous faisons	nous pouvons	nous voulons
vous faites	vous pouvez	vous voulez
ils/elles font	ils/elles peuvent	ils/elles veulent
Perfect: j'ai fait	*Perfect*: j'ai pu	*Perfect*: j'ai voulu

boire (*to drink*)	prendre (*to take*)	devoir (*to have to*)
je bois	je prends	je dois
tu bois	tu prends	tu dois
il/elle/on boit	il/elle/on prend	il/elle/on doit
nous buvons	nous prenons	nous devons
vous buvez	vous prenez	vous devez
ils/elles boivent	ils/elles prennent	ils/elles doivent
Perfect: j'ai bu	*Perfect*: j'ai pris	*Perfect*: j'ai dû
voir (*to see*)	lire (*to read*)	dire (*to say*)
je vois	je lis	je dis
tu vois	tu lis	tu dis
il/elle/on voit	il/elle/on lit	il/elle/on dit
nous voyons	nous lisons	nous disons
vous voyez	vous lisez	vous dites
ils/elles voient	ils/elles lisent	ils/elles disent
Perfect: j'ai vu	*Perfect*: j'ai lu	*Perfect*: j'ai dit

Vocabulaire *français – anglais*

A

être aboli(e)	to be abolished
d' abord	first of all
accélérer	to accelerate
d' accord	OK
acheter	to buy
un acteur	an actor
une activité	an activity
une actrice	an actress
admirer	to admire
adorer	to love
l' aéroport (m)	airport
affreux(-euse)	awful/terrible
l' Afrique du Nord (f)	North Africa
l' Afrique du Sud (f)	South Africa
aider	
aimer	to like
algérien(ne)	Algerian
je suis allé(e)	I went
aller	to go
l' ambassade (f)	embassy
amusant(e)	enjoyable
un an	a year
anglais(e)	English
plein(e) d' animation	full of life
une animatrice de radio	a (female) radio presenter
les animaux (m pl)	animals
l' année (f)	year
l' anniversaire (m)	birthday
août	August
appeler	to call
s' appeler	to be called
apporter	to bring
apprécier	to appreciate
apprendre	to learn
un apprentissage	an apprenticeship
après	after/afterwards
l' après-midi (m)	afternoon
l' argent (m)	money
l' argent de poche (m)	pocket money
les armes (f pl)	arms/weapons
une armoire	a wardrobe
être arrêté(e)	to be arrested
arrêter	to stop
un arrière	a fullback (rugby)
l' aspirateur (m)	vacuum cleaner
être assassiné(e)	to be assassinated
assez	quite
assez de	enough
l' assurance (f)	insurance
aujourd'hui	1) nowadays 2) today
aussi	as well/too
un(e) autre	another
avec	with
l' avenir (m)	the future
l' avion (m)	aeroplane
à mon avis	in my opinion
un(e) avocat(e)	a lawyer
avoir	to have

B

le baby-foot	table football
le bain-wc	bathroom and toilet
un balcon	a balcony
une banane	a banana
la banane tractée	banana ride
une banque	a bank
le basket	basketball
des baskets (f pl)	trainers
une BD (bande dessinée)	a cartoon-strip book
battre	to beat
bavard(e)	talkative
beau (belle)	beautiful
mon beau-père	my stepfather
beaucoup de	a lot of
belge	Belgian
un Belge	a Belgian man
la Belgique	Belgium
ma belle-mère	my stepmother
faire du bénévolat	to do voluntary work
j'ai besoin de	I need
la bibliothèque	library
bien (différent(e))	very different
bien sûr (que non)	of course (not)
À bientôt.	See you soon.
Bienvenu(e) à …	Welcome to …
un billet	a ticket
Bises (*at the end of a letter*)	Love
les Blancs	white people
bleu(e)	blue
blond(e)	blond
boire	to drink
la boîte de réception	inbox
les boîtes (f pl)	night clubs
Bon, …	Well, …
bon(ne)	good
C'est bon pour (la santé).	It's good for (your health).
les bonbons (m pl)	sweets
le bonheur	happiness
les bonnes causes (f pl)	good causes
Bonsoir	Good evening
au bord de	on the edge of
le bord de mer	sea front
bouddhiste	Buddhist
un petit boulot	a part-time job
le bras	arm

britannique	*British*
se bronzer	*to sunbathe*
brun(e)	*brown (to describe hair, <u>not</u> eyes)*
j'ai bu	*I drank*
une bûche de Noël	*a Christmas log (cake)*
un bureau	*an office*
un but	*a goal/aim*
Buvez (beaucoup d'eau).	*Drink (a lot of water).*

C

Ça va?	*Are you OK?*
Ça ne va pas.	*I don't feel well.*
les cadeaux (m pl)	*presents*
les cahiers (m pl)	*exercise books*
à la campagne	*in the country(side)*
le canoë-kayak	*canoeing*
le canyoning	*canyoning*
la capitale de	*the capital of*
car	*because/as*
une carotte	*a carrot*
la carrière	*career*
une carte postale	*a postcard*
en tout cas	*at any rate*
une casquette	*a cap*
à cause de	*because*
ceci	*this*
cela	*that*
célèbre	*famous*
célibataire	*single/unmarried*
le centre	*centre*
le centre commercial	*shopping centre*
ma chambre	*my bedroom*
les champignons (m pl)	*mushrooms*
un chanteur	*a singer*
une chanteuse de rock	*a (female) rock singer*
chaque	*each/every*
le château	*castle*
avoir chaud	*to be/feel hot*
un chauffeur de camion	*a lorry/truck driver*
la cheminée	*fireplace*
une chemise	*a shirt*
Cher/Chère (Michel/Elsa) …	*Dear Michel/Elsa …*
cher (chère)	*expensive*
chercher	*to look for*
chéri(e)	*dear/darling*
les cheveux (m pl)	*hair*
chez moi	*at my house/at home*
un chien	*a dog*
les chips (m pl)	*crisps*
choisir	*to choose*
C'est chouette!	*It's great!*
cinquième	*fifth*
les clients (m pl)	*customers*

avoir mal	
au cœur	*to feel sick*
collecter	*to collect*
le collège	*school*
entrer en collision avec	*to crash into*
colocataires (m pl)	*co-tenants*
combattre	*to fight*
une comédie	*a comedy*
comme	*1) like/such as 2) as/since*
comme ça	*1) like that 2) in this way*
commencer	*to begin/to start*
C'était comment?	*What was it like?*
Il/Elle est comment?	*What is he/she like?*
On y va comment?	*How are we getting there?*
le commerce	*trade/business*
le commerce équitable	*fair trade*
comprendre	*to understand*
un(e) comptable	*an accountant*
être contre qch	*to be against sth*
par contre	*on the other hand*
mon copain	*1) my friend 2) my boyfriend*
mon petit copain	*my boyfriend*
mes copains (m pl)	*my friends*
ma copine	*1) my girlfriend 2) my friend*
le Coran	*the Koran*
la Côte d'Ivoire	*the Ivory Coast*
se coucher	*to go to bed*
les cours (m pl)	*lessons*
la course	*the race*
la course automobile	*motor-racing*
court(e)	*short*
coûter les yeux de la tête	*to cost a fortune*
crier	*to shout*
la croix	*the cross*
la cuisine	*1) kitchen 2) cooking*

D

les dames (f pl)	*ladies*
une danseuse	*a (female) dancer*
la date de naissance	*date of birth*
le Débarquement des Alliés	*the Allied Landings*
débarrasser la table	*to clear the table*
décorer	*to decorate*
découvrir	*to discover*
les défenseurs (m pl)	*defenders*
déguisé(e)	*disguised*
demain	*tomorrow*
demander	*to ask (for)*
mon demi-frère	*my stepbrother*
ma demi-sœur	*my stepsister*
(trois) heures et demie	*half past (three)*
les dents (f pl)	*teeth*
depuis	*since*

dernier(-ère)	*last*
désiré(e)	*desired/hoped-for*
Je suis désolé(e).	*I'm sorry.*
le dessin	*drawing*
un dessin animé	*a cartoon*
en dessous de	*below*
détester	*to hate*
les dettes (f pl)	*debts*
deux fois	*twice*
deuxième	*second*
devenir	*to become*
faire les devoirs	*to do homework*
les diamants (m pl)	*diamonds*
dimanche	*Sunday*
la dinde	*turkey*
un dîner	*an evening meal*
un discours	*a speech*
discuter	*to talk*
à votre disposition	*for you to use/enjoy*
les disputes (f pl)	*arguments*
divorcé(e)	*divorced*
un documentaire	*a documentary*
je dois	*I must*
un(e) domestique	*a servant*
donc	*so/therefore*
donner	*to give*
dont	*of which*
dormir	*to sleep*
Dormez (huit heures par nuit).	*Sleep (eight hours a night).*
le dos	*back*
doubler	*to overtake*
une douche	*a shower*
les drames (m pl)	*crises*
drogué(e)	*drugged*
avoir le droit de	*to have the right to*
droitier(-ière)	*right-handed*
les droits (m pl)	*rights*
dur	*hard*
être dynamité(e)	*to be blown up*

E

l' eau (f)	*water*
échappé(e)	*escaped*
j' économise pour	*I'm saving up for*
écossais(e)	*Scottish*
écouter	*to listen (to)*
écrire	*to write*
l' éducation religieuse (f)	*religious education*
l' égalité (f)	*equality*
égoïste	*selfish*
les élèves (m pl)	*students/pupils*
éliminer	*to eliminate*
une émission (de sport)	*a (sports) programme*
encore	*again*

encore un(e)	*another*
l' enfant (m)	*child*
les enfants travailleurs	*child labourers*
ennuyeux(-euse)	*boring*
être enrhumé(e)	*to have a cold*
ensuite	*next*
l' entente (f)	*harmony/understanding*
enthousiaste	*enthusiastic*
entier (-ière)	*whole*
entre	*between*
une entreprise	*a company*
environ	*about/roughly*
envoyer	*to send*
l' équipe (f)	*team*
l' équitation (f)	*horse-riding*
l' escalade (f)	*rock-climbing*
l' Espagne (f)	*Spain*
espagnol (m)	*Spanish (language)*
l' espérance de vie (f)	*life expectancy*
essayer	*to try*
et	*and*
les États-Unis (m pl)	*the United States*
étranger(-ère)	*foreign*
à l' étranger	*abroad*
être	*to be*
une étude de cas	*a case study*
les études (f pl)	*studies*
un(e) étudiant(e)	*a student*
étudier	*to study*
éviter	*to avoid*
l' examen (m)	*exam*
être exclu(e) de	*to be excluded from*
faire de l' exercice	*to exercise/to take exercise*

F

avoir faim	*to be hungry*
la faim	*hunger/starvation*
se faire avec	*to be done with*
j' ai fait	*I did*
fameux(-euse)	*notorious*
ma famille	*my family*
le fast-food	*fast-food restaurant*
fatigué(e)	*tired*
il ne faut pas	*you mustn't*
une femme	*a woman*
la fenêtre	*window*
fermer	*to close*
féroce	*vicious/ferocious*
la fête	*1) festival 2) party*
la Fête de la musique	*Festival of Music*
fidèle	*loyal/faithful*
avoir de la fièvre	*to have a temperature*
ma fille	*my daughter*
une fille	*a girl*
un film (d'action)	*an action/adventure film*
un film policier	*a police film*

finalement	*finally*
finir	*to finish*
le flipper	*pinball*
le foie gras	*foie gras (= goose-liver pâté)*
cette fois	*this time*
une/deux fois	*once/twice*
il a fondé	*he founded*
le foot	*football*
être en forme	*to be fit/healthy*
la forme	*fitness*
garder la forme	*to keep fit*
fort(e)	*loud*
le foulard	*religious headscarf*
français(e)	*French*
mon frère	*my brother*
frisés	*curly*
les frites (f pl)	*chips*
froid(e)	*cold*
avoir froid	*to be/feel cold*
le fromage	*cheese*
les fruits (m pl)	*fruit*
les fruits de mer (m pl)	*seafood*
fumer	*to smoke*

G

gagner (de l'argent)	*to earn (money)*
gagner (le match)	*to win (the match)*
un(e) galériste	*gallery owner*
gallois(e)	*Welsh*
un garçon	*a boy*
la gare	*railway station*
un gâteau	*a cake*
Ça sera génial.	*It will be great/brilliant.*
Génial!	*Brilliant!/Fantastic!*
un genre de	*a type of*
les gens (m pl)	*people*
avoir mal	
à la gorge	*to have a sore throat*
la gorge	*throat*
goûter	*to taste*
le gouvernement	*the government*
grâce à	*thanks to*
grand(e)	*1) big 2) tall*
le grand-père	*grandfather*
la Grande-Bretagne	*Great Britain*
grandir	*to grow up*
manger gras	*to eat fatty foods*
les grèves de	
la faim (f pl)	*hunger strikes*
avoir la grippe	*to have flu*
gris(e)	*grey*
Grosses bises (*at*	
the end of	
a letter)	*Lots of love*
Guadeloupéen(ne)	*from Guadeloupe*
la guerre	*war*

un(e) guide touristique	*tourist guide*
la gym	*the gym*

H

s' habiller	*to get dressed*
habiter	*to live*
les habitants (m pl)	*inhabitants*
d' habitude	*usually*
l' herbe (f)	*grass*
un héros	*a hero*
à l' heure	*on time*
À quelle heure?	*At what time?*
heureux(-euse)	*happy*
hier	*yesterday*
hindou	*Hindu*
l' histoire (f)	*history; story*
un homme	*a man*
un homme de paix	*a man of peace*
un(e) horticulteur(-trice)	*a gardener*
huit	*eight*
les huîtres	*oysters*

I

ici	*here*
idéalement	*ideally*
une idée	*an idea*
l' île (f)	*island*
les inconvénients (m pl)	*the disadvantages*
en Inde	*in India*
indiquer	*to indicate*
les informations (f pl)	*news*
l' informatique (f)	*computing/computer science*
sur Internet	*on the Internet*
les invité(e)s	*guests*
irlandais(e)	*Irish*
issu(e) de	*resulting from*

J

jaloux(-ouse)	*jealous*
ne … jamais	*never*
la jambe	*leg*
janvier	*January*
le jardin	*garden*
jaune	*yellow*
un jean	*a pair of jeans*
le jeu-concours	*quiz*
un jeu télévisé	*a game show*
jeudi	*Thursday*
jeune	*young*
les jeunes	*young people*
les jeux d'ordinateur	
(m pl)	*computer games*
les jeux de console	
(m pl)	*console games*
jouer (au foot)	*to play (football)*
jouer un rôle	*to play a role*

un(e) joueur(-euse)	a player
un jour	a day
le jour du mariage	wedding day
les journaux (m pl)	newspapers
la journée scolaire	the school day
juif (m) juive (f)	Jewish
juin	June
les jumeaux (m pl)	twins
les jumelles (f pl)	twins
le jus de fruit	fruit juice
un jus d'orange	an orange juice
jusqu'au	as far as

L

le lac	lake
laisser	to leave
le lait	milk
la langue maternelle	first language/mother tongue
les langues (f pl)	languages
le lave-vaisselle	dishwasher
la lecture	reading
les légumes (m pl)	vegetables
se lever	to get up
être libéré(e)	to be freed/released
libérer	to free/to release
une licence (de)	a degree (in)
les lieux (m pl)	places
les lignes (f pl)	lines
lire	to read
le lit	bed
un grand lit	a double bed
un livre (d'horreur)	a (horror) book
le livre sacré	the holy book
une livre sterling	one pound (£1)
livrer	to deliver
long(ue)	long
j'ai lu	I read (past tense)
lui	him
les lumières (f pl)	lights
lundi	Monday
de luxe	luxurious/luxury
le lycée	sixth-form college

M

un(e) maçon(-ne)	a mason
faire les magasins	to go round the shops
un magazine (féminin)	a (girls'/women's) magazine
mai	May
la main	hand
maintenant	now
mais	but
à la maison	at home
une maison	a house
avoir mal à la tête/	
aux dents	to have a headache/toothache
Ce n'était pas	

mal.	It wasn't bad.
malade	ill
les malades	sick people
les maladies (f pl)	illnesses
malheureusement	unfortunately
malhonnête	dishonest
la Manche	the (English) Channel
manger	to eat
un mannequin	a model
Ne manquez pas …	Don't miss …
le marché	market
marcher	to walk
mardi	Tuesday
se marier avec qn	to marry sb
le mariage	wedding
le Maroc	Morocco
marrant(e)	funny
marron	brown (to describe eyes)
le matériel scolaire	school things
la matière	subject
le matin	morning
C'est mauvais pour	
(la santé).	It's bad for (your health).
un(e) mécanicien(-ne)	a mechanic
le médecin	doctor
meilleur(e)	best
meilleures	
salutations	Best wishes
la mer	the sea
merci	thank you
mercredi	Wednesday
la messe	Mass
le métier	career/profession
en métro	by tube/subway
mettre	to put on (clothes)
mettre la table	to lay the table
n'avoir	
rien à se mettre sur le dos	to not have a thing to wear
ils/elles meurent	they die
le mieux payé	the best paid
mignon(ne)	pretty/cute
mi-longs	medium-length
(à) minuit	(at) midnight
moins de	less
un mois	a month
le monde	the world
le numéro	
un mondial	world number one
un moniteur (de jet-ski)	a (jet-ski) instructor
la montagne	the mountains
les morts de faim	deaths from starvation
un mot	a word
une moto	a motorbike
les moyens (m pl)	the means
la musculation	weightlifting/body-building
un musée	a museum

la musique	music
musulman(e)	Muslim
les musulmans (m pl)	Muslims

N

nager	to swim
faire de la natation	to go swimming
il/elle est né(e)	he/she was born
Noël	Christmas
noir(e)	black
les Noirs	black people
le nom de famille	surname
nommer	to name
nouveau (m)	new
le Nouvel An	the New Year
nouvelle (f)	new
une nuit	one night
C'est nul!	It's awful/terrible!
numéro (cinq)	number (five)

O

obtenir	to obtain
un oncle	an uncle
onze	eleven
l' ordinateur (m)	computer
l' oreille (f)	ear
ou	or
où	where
oublier	to forget
à l' ouest de	to the west of
oui	yes
un ouvreur (rugby)	a forward (rugby)

P

le pain	bread
la paix	peace
le papier	paper
un paquet de chips	a packet of crisps
par	by
10€/£6 par semaine	10€/£6 a week
le parc	park
le parc de loisirs	leisure/amusement park
parce que	because
paresseux(-euse)	lazy
un parking	a car park
parler	to speak
parmi	among
parrainer	to sponsor
le/la partenaire	partner
un parti politique	a political party
faire partie de	to be part of
partir	to leave
partout	everywhere
une passagère	a passenger
On passe (X-Men).	They're showing (X-Men).
passer (deux ans)	to spend (two years)

passer l'aspirateur	to do the vacuuming
se passer	to happen
les passe-temps (m pl)	hobbies
les pauvres (m pl)	poor people
payer	to pay
un pays	a country
les pays en voie de développement (m pl)	developing countries
pendant	during
perdu(e)	lost
mon père	my father
le Père Noël	Father Christmas
les personnages (m pl)	characters
les personnes âgées (f pl)	old people
petit(e)	small
le petit déjeuner	breakfast
une petite amie	a girlfriend
les petits pois (m pl)	peas
peut-être	perhaps
un peu	a bit
je peux	I can
un(e) photographe	a photographer
une pièce	a room
à pied	by foot
le pied	foot
le pilote (de la Porsche)	(Porsche) driver
un(e) pilote de ligne	an airline pilot
la piscine (chauffée)	(heated) swimming pool
la 4ème/6ème place	4th/6th position
la plage	the beach
s'il te plaît	please
la planche à voile	windsurfing
un plateau	a tray
en plein air	outdoors
plein(e) de	full of
à plein temps	full time
la plongée	diving
de plus	in addition
ne … plus	no more/no longer
plus de	more (than)
plutôt	mainly
une pomme	an apple
le port du foulard	the wearing of the headscarf
la porte	door
porter	to wear
poser des questions	to ask questions
par la poste	by post
la poubelle	dustbin
le poulet	chicken
pour	for
être pour qch	to be for sth
Pourquoi?	Why?

Pourriez-vous …?	*Could you …?*
pourtant	*however*
pouvoir	*to be able to*
pratique	*practical*
pratiquer (un sport)	*to do (a sport)*
préféré(e)	*favourite*
préférer	*to prefer*
premier(-ère)	*first*
prendre des photos	*to take photos*
prendre les armes	*to take up weapons*
le prénom	*first name*
près de	*near (to)*
principal(e)	*main*
j'ai pris	*I took*
privé(e)	*private*
prochain(e)	*next*
les produits (m pl)	*products*
le/la prof	*teacher*
le/la professeur	*teacher*
un projet	*a plan*
une promenade	*a walk*
ma/mon propre	*my own*
à proximité	*nearby*
puis	*then*
puisque	*since*

Q

le quai	*platform*
quant à	*as for/regarding*
quatorze	*fourteen*
québécois(e)	*from Quebec*
À quelle heure?	*At what time?*
quelque chose	*something*
quelquefois	*sometimes*
la queue	*queue*
qui	*who*
quinze	*fifteen*
quitter	*to leave*
quoi	*what*

R

une randonnée	*a walk/hike*
rapporter	*to bring in*
rarement	*rarely*
un réalisateur	*a director*
récemment	*recently*
je reçois	*I get/receive*
j'ai reçu	*I received*
réel(le)	*real*
regarder	*to look*
les règles (f pl)	*rules*
rencontrer	*to meet*
rentrer	*to go back*
un repas	*a meal*
une réservation	*a booking/reservation*
réserver	*to book/to reserve*

rester (au lit)	*to stay (in bed)*
deux heures	
de retard	*two hours late*
retrouver qn	*to meet up with sb*
les rêves (m pl)	*dreams*
le riz	*rice*
le roi	*king*
les romans (m pl)	*novels*
rouge	*red*
les cheveux	
roux (m pl)	*red/ginger hair*
les rubans (m pl)	*ribbons*
les rues (f pl)	*the streets*

S

sain	*healthy*
le salaire	*salary*
la salle	*auditorium*
la salle à manger	*dining room*
une salle de gym	*a gym (in a hotel)*
le salon	*living room*
un salon de beauté	*a beauty salon*
Salut!	*Hi!*
samedi	*Saturday*
la santé	*health*
la Seconde Guerre	
mondiale	*the Second World War*
un séjour de travail	*working break*
la semaine	*week*
être séparé(e)	*to be separated*
sept	*seven*
une série	*a soap*
sérieux(-euse)	*serious*
les serpents (m pl)	*snakes*
le seuil du pauvreté	*the poverty line*
seul(e)	*only*
seulement	*only*
si	*if*
le SIDA	*Aids*
un signe particulier	*special characteristic*
sinon	*otherwise*
être situé(e)	*to be situated/located*
ma sœur	*my sister*
avoir soif	*to be thirsty*
le soir	*evening*
une soirée	*an evening's entertainment*
les sorciers (m pl)	*wizards*
sortir	*to go out*
sortir la poubelle	*to put the dustbin out*
soudain	*all of a sudden*
souvent	*often*
sportif(-ive)	*sporty*
un sportif	*a sportsman*
les sports aquatiques (m pl)	*water sports*
les sports d'hiver (m pl)	*winter sports*

stressant(e)	*stressful*
les sucreries (f pl)	*sweet things*
au sud de	*to the south of*
le sud-ouest	*the south-west*
la Suisse	*Switzerland*
Suivez (les règles).	*Follow (the rules).*
suivre des études	*to study*
sur	*on*
le surf	*surfing*
le surnom	*nickname*
sympa(thique)	*friendly/pleasant/nice*

T

les tableaux (m pl)	*paintings*
de taille moyenne	*medium-sized*
talentueux(-euse)	*talented*
une tante	*an aunt*
plus tard	*later*
teint(e)	*dyed*
la télé	*TV*
la télé-satellite	*satellite TV*
le temps	*time*
de temps en temps	*from time to time*
les temps libres (m pl)	*free time*
tenir (une résolution)	*to keep (a resolution)*
le terrain de (volleyball)	*(volleyball) court*
faire la tête	*to sulk*
la tête	*head*
têtu(e)	*stubborn*
timide	*shy*
tôt	*early*
le tour du monde	*round-the-world trip*
la Tour de Londres	*the Tower of London*
touristique	*touristy*
tourner un film	*to shoot a film*
le tournoi des Cinq Nations	*the Five Nations tournament*
tous (m pl)	*all*
C'est tout?	*Is that all?*
tout de suite	*immediately*
en train	*by train*
le travail	*work*
travailler	*to work*
travailleur(-euse)	*hard-working*
les travaux (m pl)	*tasks*
très	*very*
trop de	*too much*
trouver	*1) to think/consider 2) to find*
se trouver	*to be situated/located*
tuer	*to kill*
tunisien(ne)	*Tunisian*

U

une fois	*once*

mon uniforme scolaire	*my school uniform*
utile	*useful*
utiliser	*to use*

V

il/elle va (faire)	*he/she is going to (do)*
les vacances (f pl)	*holidays*
faire la vaisselle	*to do the washing-up*
le vélo	*cycling*
un vélo	*a bike*
une vendeuse	*a saleswoman*
vendredi	*Friday*
Venez …!	*Come …!*
venir	*to come*
avoir mal au ventre	*to have stomachache*
le ventre	*stomach*
un verre	*a glass*
vers (midi)	*at around (midday)*
une veste	*a jacket*
les vêtements (m pl)	*clothes*
il/elle veut	*he/she wants*
je veux	*I want*
Je veux bien.	*I'd really like that.*
la victoire	*victory*
vider	*to empty*
la vie	*life*
il/elle vient de …	*he/she comes from …*
en ville	*in town*
le vin	*wine*
visiter	*to visit (a place)*
il/elle vit dans …	*he/she lives in …*
vivre	*to live*
Voici …	*Here are …/These are …*
me voici	*here I am*
la voile	*sailing*
une voiture	*a car*
voler	*to steal*
le volley	*volleyball*
je voudrais	*I would like*
il/elle voudrait	*he/she would like*
vous voulez	*you want*
voyager	*to travel*
faire du VTT	*to go mountain biking*
j'ai vu	*I saw*
une vue sur la mer	*a sea view*

Vocabulaire *anglais – français*

A

to be abolished	être aboli(e)
about (€30)	environ (€30)
abroad	à l'étranger
to accelerate	accélérer
action/adventure film	un film d'action
actor	un acteur
actress	une actrice
in addition	de plus
I admire him/her.	Je l'admire.
Admire …!	Admirez …!
an advantage	un avantage
after	après
afterwards	après
I am against	je suis contre
at the age of 16	à (l'âge de) 16 ans
At what age …?	À quel âge …?
Aids	le SIDA
Algerian	algérien(ne)
Is that all?	C'est tout?
I am	je suis
apprenticeship	un apprentissage
What are your hobbies?	Quels sont tes passe-temps?
I've got	
a bad arm.	J'ai mal au bras.
to take up arms	prendre les armes
to arrest	arrêter
artist	une(e) artiste
as	comme
assassinate	assassiner
at about 3 o'clock	vers 3 heures
I ate	j'ai mangé
author	un auteur (m/f)
Avoid (stress).	Évitez/Évite (le stress).

B

I've got backache.	J'ai mal au dos.
It's bad (for your health).	C'est mauvais (pour la santé).
It wasn't bad.	Ce n'était pas mal.
with a balcony	avec balcon
beach	la plage
because	parce que
I go to bed at …	Je me couche à …
bedroom	la chambre
my best friend	mon meilleur copain (m) ma meilleure copine (f)
a bit	un peu
black hair	les cheveux noirs (m pl)
blond hair	les cheveux blonds (m pl)
blue eyes	les yeux bleus (m pl)
to book	réserver
boring	ennuyeux(-euse)

he/she	
was born	il/elle est né(e)
I bought	j'ai acheté
my boyfriend	mon (petit) copain
my brother	mon frère
he/she brought	il/elle a acheté
brown eyes	les yeux marron (m pl)
brown hair	les cheveux bruns (m pl)
Buddhist	bouddhiste
business	le commerce
I buy	j'achète
to buy	acheter

C

he/she is called	il/elle s'appelle
I can	je peux
we can	on peut
I can't	je ne peux pas
car	une voiture
cartoon	un dessin animé
cartoon-strip book	une BD (bande dessinée)
castle	le château
cathedral	la cathédrale
the Channel Tunnel	le Tunnel sous la Manche
children	les enfants (m pl)
chips	les frites (f pl)
to choose	choisir
I'm cold.	J'ai froid.
I've got a cold.	Je suis enrhumé(e).
Come to (Yorkshire)!	Venez dans le (Yorkshire)!
comedy	une comédie
company	une entreprise
cooking	la cuisine
to crash into	entrer en collision avec
crisps	les chips (m pl)
curly hair	les cheveux frisés (m pl)
customers	les clients (m pl)
cute	mignon(ne)

D

dancer	un danseur (m)/ une danseuse (f)
date of birth	la date de naissance
a death	un mort
He defended the rights of …	Il a défendu les droits de …
degree (in)	une licence (de)
I deliver newspapers.	Je livre des journaux.
developing countries	les pays en voie de développement
I did	j'ai fait
to die	mourir
he/she died	il/elle est mort(e)
a disadvantage	un inconvénient

Discover (the countryside)!	Découvrez (le paysage)!
dishwasher	le lave-vaisselle
divorced	divorcé(e)
Do (more exercise)!	Faites/Fais (plus d'exercice)!
I do	je fais
I don't do anything.	Je ne fais rien.
What do you do (in the evening)?	Qu'est-ce que tu fais, le soir?
with a double bed	avec un grand lit
I drank	j'ai bu
dream	un rêve
dream partner	le/la partenaire de mes rêves
she gets dressed	elle s'habille
Drink a lot of water.	Buvez/Bois beaucoup d'eau.

E

I've got earache.	J'ai mal à l'oreille.
Eat less ...	Mangez/Mange moins de ...
I eat	je mange
to eat	manger
the Eiffel Tower	la Tour Eiffel
I empty the dishwasher.	Je vide le lave-vaisselle.
English	anglais(e)
in the evening	le soir
every (weekend)	tous les (week-ends)
excluded	exclu(e)
Do exercise.	Faites/Fais de l'exercice.
expensive	cher (chère)

F

fair-trade products	les produits issus du commerce équitable (m pl)
famous	célèbre
fast-food place/ restaurant	un fast-food
my father	mon père
favourite	préféré(e)
by ferry	en ferry
finally	finalement
finish	finir
first(ly)	d'abord
first language	la langue maternelle
first name	le prénom
I've got flu.	J'ai la grippe.
I've got a bad foot.	J'ai mal au pied.
football magazine	un magazine de foot
for	pour
I am for	je suis pour
foreign language	une langue étrangère
French	français(e)
(on) Friday	vendredi
my friend	mon copain (m); ma copine (f)

Where are you from?	D'où viens-tu?
from 15–19 August	du 15 au 19 août
fruit	les fruits (m pl)
a fullback	un arrière
funny	marrant(e)
in the future	à l'avenir

G

gameshow	un jeu télévisé
generous	généreux(-euse)
I get up at ...	Je me lève à ...
How are we getting there?	On y va comment?
ginger hair	les cheveux roux (m pl)
my girlfriend	ma (petite) copine
I go	je vais
to go	aller
to go round the world	faire le tour du monde
he/she goes	il/elle va
I'm going to (be)	je vais (être)
we're going to (buy)	on va (acheter)
It's good (for your health).	C'est bon (pour la santé).
Have you got ...?	As-tu ...?
I've got	j'ai
government	le gouvernement
It was great.	C'était chouette.
green eyes	les yeux verts (m pl)
grey eyes	les yeux gris (m pl)

H

I had a shower.	J'ai pris une douche.
I've got a bad hand.	J'ai mal à la main.
happy	heureux(-euse)
I hate	je déteste
Do you have ...?	As-tu ...?
I have	j'ai
I'm going to have	je vais avoir
I've got a headache.	J'ai mal à la tête.
headscarf	le foulard
I help	j'aide
Hi!	Salut!
hobbies	les passe-temps (m pl)
the holidays	les vacances (f pl)
holy book	le livre sacré
to go home	rentrer à la maison
horror book/film	un livre/film d'horreur
horse-riding	l'équitation (f)
I'm hot.	J'ai chaud.
house	une maison
How are you?	Ça va?
however	pourtant
hunger	la faim

hunger strike	la grève de la faim
I'm hungry.	J'ai faim.

I

I'm ill.	Je suis malade.
including	y compris
interesting	intéressant(e)
Irish	irlandais(e)
he/she is	il/elle est
Is there …?	Est-ce qu'il y a …?
island	l'île (f)

J

jealous	jaloux(-ouse)
Jewish	juif (m) juive (f)
for my job	pour mon métier
What's your job?	Quel est ton métier?

K

to keep fit	garder la forme
kill	tuer

L

later	plus tard
lawyer	un(e) avocat(e)
lazy	paresseux(-euse)
to leave school	quitter le collège
I've got a bad leg.	J'ai mal à la jambe.
life expectancy	l'espérance de vie
I like	j'aime
I don't like	je n'aime pas
I'd like	je voudrais
What is he/ she like?	Il/Elle est comment?
he/ she likes	il/elle aime
I listen to	j'écoute
to listen to	écouter
I listened to	j'ai écouté
to live	habiter
Where do you live?	Où habites-tu?
It is located …	il/elle est situé(e)/il/elle se trouve
long hair	les cheveux longs (m pl)
no longer	ne … plus
I looked	j'ai regardé
lorry driver	un chauffeur de camion
I love	j'adore
love story	une histoire d'amour
loyal	fidèle
luxury apartment	un appartement de luxe

M

a man of peace	un homme de paix
married	marié(e)
martial-arts film	un film d'arts martiaux
medium-length hair	les cheveux mi-longs (m pl)
to meet	rencontrer
I met	j'ai retrouvé
Don't miss …	Ne manquez pas …
(on) Monday	lundi
money	l'argent (m)
no more	ne … plus
motorbike	une moto
motor-racing	la course automobile
music programme	une émission de musique
Muslim	musulman(e)
I must	je dois
we must	on doit

N

nationality	la nationalité
never	ne … jamais
next	ensuite/puis
nice	sympa
nickname	le surnom
one night	une nuit
the Nobel Peace Prize	le prix Nobel de la paix
non-violent methods	les moyens non-violents (m pl)

O

often	souvent
OK	d'accord
How old are you?	Quel âge as-tu?
once (a week)	une fois (par semaine)
only	seulement, seul(e)
in my opinion	à mon avis
to overtake	doubler

P

pastimes	les passe-temps (m pl)
My school pays for …	Mon collège paie …
peace	la paix
people	les gens (m pl)
pinball	le flipper
in 1st/2nd place	à la première/deuxième place
place of residence	la résidence
by plane	en avion
I play	je joue
I played	j'ai joué
player	un joueur (m)/une joueuse (f)
police film	un film policier
police series	une série policière
the poorest people	les plus pauvres
pop-music magazine	un magazine de musique pop
poverty line	le seuil de pauvreté

I prefer	je préfère
prejudiced against	préjugé(e) contre
I prepared	j'ai préparé

Q

from Quebec	québécois(e)
quite	assez

R

race	la course
racist	raciste
rarely	rarement
I read (past tense)	j'ai lu
reality TV programme	une émission de télé-réalité
recently	récemment
red hair	les cheveux roux (m pl)
to reserve	réserver
rich	riche
rock-climbing	l'escalade (f)
role model	un modèle
It was rubbish.	C'était nul.

S

sailing	la voile
salesman	un vendeur
saleswoman	une vendeuse
with satellite TV	avec télé-satellite
(on) Saturday	samedi
Saturday morning/ evening	samedi matin/soir
I saw	j'ai vu
my school	mon collège
the school day	la journée scolaire
school stuff	le matériel scolaire
science-fiction programme	une émission de science-fiction
Scottish	écossaise(e)
seafood	les fruits de mer (m pl)
with a sea view	avec vue sur la mer
secretary	un(e) secrétaire
selfish	égoïste
separate	séparé(e)
serious	sérieux(-euse)
servant	un(e) domestique
to set free	libérer
I set the table.	Je mets la table.
I went shopping.	J'ai fait les magasins.
short hair	les cheveux courts
she shouted	elle a crié
shower	une douche
shy	timide
I feel sick.	J'ai mal au cœur.
since	1) (= because) comme 2) depuis
single	célibataire

my sister	ma sœur
It is situated …	il/elle est situé(e) / il/elle se trouve
Sleep eight hours a night.	Dormez/Dors huit heures par nuit.
Don't smoke.	Ne fumez pas./Ne fume pas.
soap	une série
I've got a sore arm/foot/throat.	J'ai mal au bras/au pied/à la gorge.
I'm sorry.	Je suis désolé(e).
Do you speak (French)?	Est-ce que tu parles (français)?
to speak	parler
to make a speech	faire un discours
I spoke	j'ai parlé
to sponsor a child	parrainer un enfant
sports programme	une émission de sport
sporty	sportif(-ive)
stadium	le stade
I stayed	je suis resté(e)
my stepbrother	mon demi-frère
my stepfather	mon beau-père
my stepmother	ma belle-mère
my stepsister	ma demi-sœur
he/she stole	il/elle a volé
I've got stomachache.	J'ai mal au ventre.
stubborn	têtu(e)
study	étudier
subject	une matière
(on) Sunday	dimanche
Sunday morning/ evening	dimanche matin/soir
surname	le nom de famille
swimming	la natation
swimming pool	la piscine

T

table football	le baby-foot
to take photos	prendre/faire des photos
talkative	bavard(e)
I talked	j'ai parlé
Taste the (Norman food)!	Goûtez (la cuisine normande)!
teacher	le professeur (m/f)
team	l'équipe (f)
I've got a temperature.	J'ai de la fièvre.
It was terrible.	C'était affreux.
theme park	un parc d'attractions
then	puis/ensuite
therefore	donc
I think that …	Je pense que …
I'm thirsty.	J'ai soif.
(on) Thursday	jeudi
ticket	le billet
At what time?	À quelle heure?
from time to time	de temps en temps

I'm tired.	*Je suis fatigué(e).*
tomorrow	*demain*
I took (photos).	*J'ai pris (des photos).*
I've got toothache.	*J'ai mal aux dents.*
the Tower of London	*la Tour de Londres*
by train	*en train*
to travel	*voyager*
(on) Tuesday	*mardi*
Tunisian	*tunisien(ne)*
twice (a week)	*deux fois (par semaine)*
with twin beds	*à deux lits*

U

understand	*comprendre*
unfortunately	*malheureusement*
to go to university	*aller à l'université*
to use	*utiliser*
useful	*utile*

V

I do the vacuuming.	*Je passe l'aspirateur.*
vegetables	*les légumes (m pl)*
very	*très*
to visit	*visiter*
to do voluntary work	*faire du bénévolat*

W

walk	*une promenade*
I want to	*je veux*
we want to	*on veut*
he/she was	*il/elle était*
It was …	*C'était …*
I watch	*je regarde*
I watched	*j'ai regardé*
water	*l'eau (f)*
weapons	*les armes (f pl)*
I wear	*je porte*
(on) Wednesday	*mercredi*
weightlifting	*la musculation*
Welsh	*gallois(e)*
I don't feel well.	*Ça ne va pas.*
I went	*je suis allé(e)*
What …?	*Qu'est-ce que …?*
what's more	*de plus*
What time …?	*À quelle heure …?*
When …?	*Quand …?*
where	*où*
Which …?	*Quel(le) …?*
Who …?	*Qui …?*
to win	*gagner*
women's magazine	*un magazine féminin*
to work	*travailler*
Where do you work?	*Où travailles-tu?*
the world	*le monde*

to write	*écrire*

Y

yesterday (evening)	*hier (soir)*
young people	*les jeunes*

Vocabulaire

Vocabulaire

Les instructions

À deux.	In pairs.
À tour de rôle.	Take turns.
C'est quel(le) … ?	What … is it?
Cherche dans un dictionnaire/sur Internet.	Look in a dictionary/on the Internet.
Cherche l'intrus.	Find the odd one out.
Choisis (la forme correcte).	Choose (the correct form).
Copie et complète la grille.	Copy and complete the grid.
Corrige l'erreur.	Correct the mistake.
Décris (ta routine).	Describe (your daily routine).
Devine (l'équivalent anglais).	Guess (the English equivalent).
Dis pourquoi …	Say why …
Discute (les avantages et les inconvénients).	Discuss (the pros and cons).
Donne ton opinion.	Give your opinion.
Écoute et (lis).	Listen and (read).
Écris (un résumé).	Write (a summary).
En groupes.	In groups.
Fais un dialogue.	Make up a dialogue.
Imagine que tu es …	Imagine that you are …
Jeu de mémoire.	Memory game.
Lis (l'article).	Read (the article).
Mémorise ton texte.	Memorise what you have written.
Mets les (images) dans le bon ordre.	Put the (pictures) in the right order.
Note (les bonnes lettres).	Write down the (right letters).
Parle de (ton avenir).	Talk about (your future).
Pose une question à ton/ta partenaire.	Ask your partner a question.
Prends des notes (en anglais).	Take notes (in English).
Qui est-ce?	Who is it?
Qui parle?	Who's speaking?
Regarde (les images).	Look at (the pictures).
Relie (les textes et les images).	Match up (the texts and the pictures).
Relis (le texte).	Reread (the text).
Réponds aux questions.	Answer the questions.
Traduis les phrases.	Translate the sentences.
Trouve (les bonnes images).	Find (the right pictures).
Trouve (les mots qui manquent).	Find (the missing words).
Utilise (les informations).	Use (the information).
Utilise ton imagination.	Use your imagination.
Vérifie tes réponses dans le glossaire.	Check your answers in the glossary.
Vrai ou faux?	True or false?